GERALD HÜTHER

Würde

Was uns stark macht –
als Einzelne
und als Gesellschaft

Mit Uli Hauser

Pantheon

Sollte diese Publikation Links auf Webseiten Dritter enthalten,
so übernehmen wir für deren Inhalte keine Haftung, da wir uns
diese nicht zu eigen machen, sondern lediglich auf deren Stand
zum Zeitpunkt der Erstveröffentlichung verweisen.

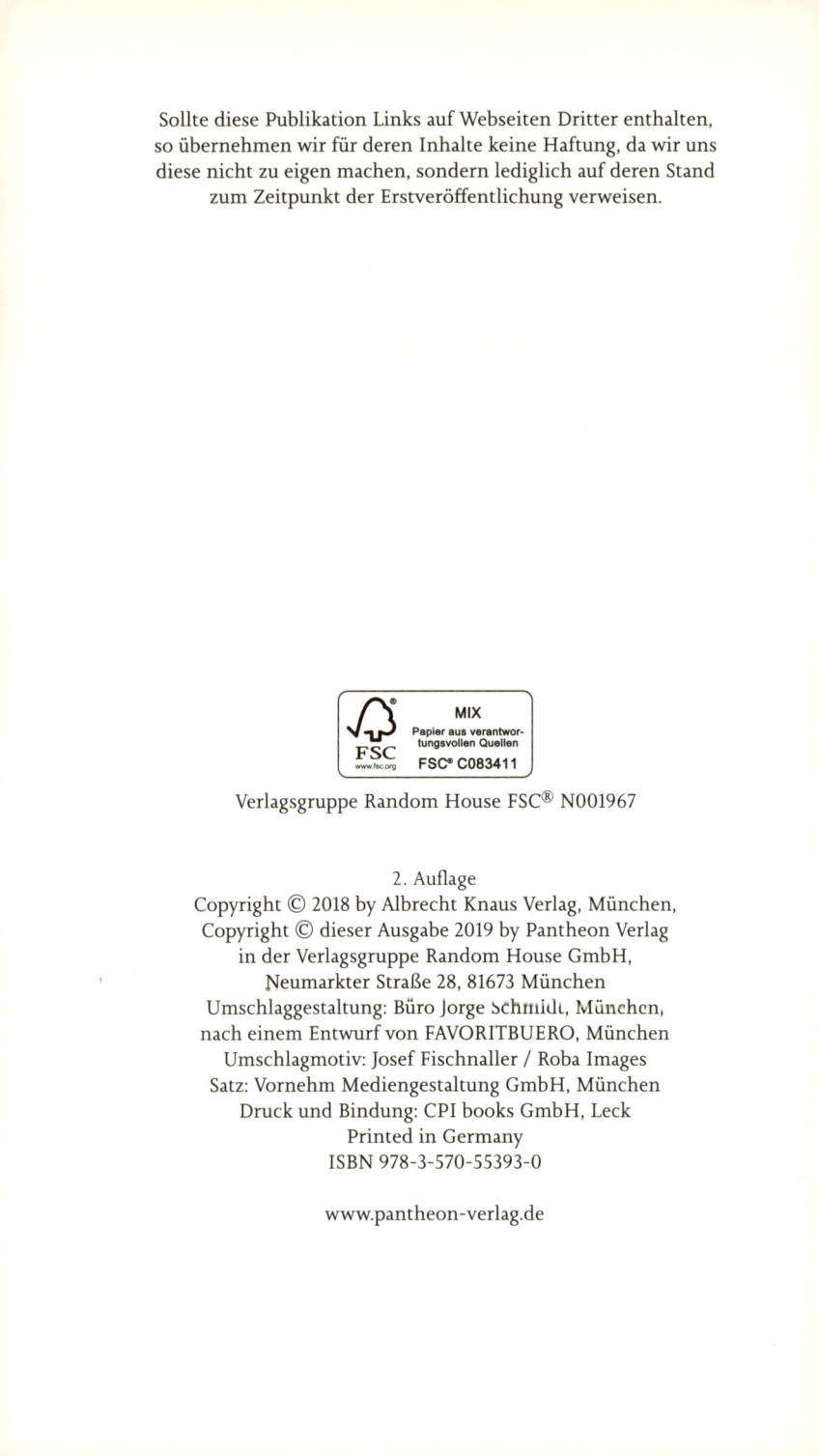

MIX
Papier aus verantwor-
tungsvollen Quellen
FSC www.fsc.org **FSC® C083411**

Verlagsgruppe Random House FSC® N001967

2. Auflage
Copyright © 2018 by Albrecht Knaus Verlag, München,
Copyright © dieser Ausgabe 2019 by Pantheon Verlag
in der Verlagsgruppe Random House GmbH,
Neumarkter Straße 28, 81673 München
Umschlaggestaltung: Büro Jorge Schmidt, München,
nach einem Entwurf von FAVORITBUERO, München
Umschlagmotiv: Josef Fischnaller / Roba Images
Satz: Vornehm Mediengestaltung GmbH, München
Druck und Bindung: CPI books GmbH, Leck
Printed in Germany
ISBN 978-3-570-55393-0

www.pantheon-verlag.de

Verletzt nicht jeder, der die Würde
eines anderen Menschen verletzt,
in Wirklichkeit seine eigene Würde?

Inhalt

Worum es geht

IN DIESEM BUCH erfahren Sie nicht, wie Sie noch schöner und noch erfolgreicher werden. Auch nicht, wie Sie es schaffen können, in noch kürzerer Zeit noch besser zu leben. Es verspricht keine sieben Geheimnisse des, keine acht Schritte zu, keine Formel für. Dieses Buch passt nicht in unsere heutige, von Effizienzdenken und Erfolgsstreben geprägte Zeit. Es mag viele Argumente dafür geben, dass es im Leben um Geld und Macht und den eigenen Vorteil geht. Wer noch immer von der Richtigkeit dieses Denkansatzes überzeugt ist, sollte dieses Buch lieber jetzt schon beiseitelegen. Es wird in seinem Hirn nur Verwirrung stiften, denn die Wiederentdeckung des Gefühls oder gar die Bewusstwerdung der eigenen Würde ist mit dem, was dieses Streben nach Anerkennung und Erfolg den Menschen abverlangt, unvereinbar. Und genau darum geht es in diesem Buch.

Woran wollen wir uns orientieren bei dem, was wir denken, sagen und tun? An dem, was wir vorfinden, weil es sich in dieser Weise bisher so entwickelt hat, oder an dem, wie es sein müsste, damit wir das, was uns als Menschen ausmacht, bewahren und weiterentwickeln können?

Woran wollen wir uns orientieren bei dem, was wir denken, sagen und tun?

Die Ansammlung von immer mehr Wissen hat uns bei der Suche nach Antworten auf diese wichtige Frage nicht so recht weitergebracht. Wir wissen längst, dass es so wie bisher nicht weitergehen kann. Aber auch wenn dieses Wissen nicht einfach nur von anderen übernommen, sondern durch Nachdenken aus einer eigenen Erkenntnis gewonnen wird, hat das, was wir dann erkannt haben, meist keine unmittelbaren Auswirkungen auf unser Handeln. Wie viele Menschen haben erkannt, dass so vieles, was sie tun, nicht dazu beiträgt, gesund zu bleiben, glücklich zu werden und ihre Talente und Begabungen zu entfalten! Aber etwas erkannt zu haben, heißt nicht, dass es uns auch wirklich berührt. Und wenn es uns nicht berührt, ändert sich auch nichts im Hirn. Ganz anders ist es, sobald wir etwas nicht nur wissen oder erkennen, sondern wirklich zu verstehen beginnen. Dann dringt dieses nun gewonnene Verständnis in alle Fasern unseres Seins. Es geht unter die Haut, macht uns wach und berührt uns, weil es mit einer Aktivierung der emotionalen Bereiche in unserem Gehirn einhergeht. Wer irgendwann verstanden hat, was ihm in seinem Leben wirklich wichtig ist, kann nicht mehr länger so weiterleben wie bisher. Deshalb verspricht dieses Buch nicht noch mehr Wissen darüber, was die Würde des Menschen ausmacht. Darüber ist genug geschrieben worden. Es geht auch nicht um eine neue Erkenntnis über das, was ein würdeloses Leben bedeutet. Es geht um ein tiefes Verständnis des Umstandes, dass wir als Menschen, jede und jeder Einzelne von uns, ohne uns dessen bewusst zu sein, dabei sind, genau das zu verlieren, was uns ausmacht: unsere Würde.

Wenn Sie jetzt noch Lust haben, weiterzulesen, kann es sein, dass Sie im Verlauf dieses kurzen Buches genau das wiederentdecken: das Gefühl und das Bewusstsein für Ihre eigene Würde.

Wenn das Leben, vor allem das Zusammenleben mit anderen immer komplizierter wird und vieles von dem, was in der Welt geschieht, kaum noch verstehbar und erst recht nicht mehr durch eigenes Handeln beeinflussbar ist, breitet sich in jeder Gesellschaft eine zunehmende Verunsicherung aus. Ratlos suchen dann immer mehr Menschen nach Halt und Orientierung. Und viele sind bereit, jenen zu glauben und zu folgen, die zu wissen meinen und lauthals verkünden, worauf es in schwierigen Zeiten ankommt. Solche Phasen allgemeiner Verunsicherung sind Umbruchphasen einer Gesellschaft. Geschickten Demagogen bieten sie die Chance, sich mit ihren einfachen Rezepten als Wiederhersteller einer verloren gegangenen Ordnung feiern und zu Anführern wählen zu lassen. Wissenschaftlich heißt das, worum es dabei geht, Komplexitätsreduktion.

Die Übernahme der Macht durch einen neuen Leithammel ist zwar eine sehr alte, ursprünglich von Herdentieren entwickelte Strategie, um wieder Ordnung in eine aufgescheuchte Meute zu bringen, aber wir Menschen nutzen eine Vielfalt an Strategien zur Komplexitätsreduktion, von denen Schafe und Büffel noch nicht einmal zu träumen imstande sind. Zum Beispiel können wir den Kopf in den Sand stecken und so tun, als sei alles in Ordnung. Das machen wir dann aber nicht gleich so offensichtlich wie der Vogel Strauß, sondern ganz unauffällig auf dem Sofa vor dem Fernseher, beim Shoppen oder Surfen oder im Stadion beim Heimspiel unserer Fußballmannschaft. Verdrängung, Ablenkung, künstliche Aufregung und neuerdings auch das Abtauchen in virtuelle Welten – all das sind uns Menschen zur Verfügung stehende Möglichkeiten, um das Leben wieder einfacher und überschaubarer zu machen, wenn es zu kompliziert zu werden droht. Dazu zählen auch alle Versuche derjenigen, die hoffen, ihr Leben werde überschaubarer, bequemer und unkomplizierter, wenn sie sich endlich in eine einflussreiche Position emporgearbeitet haben, wenn sie genug Geld verdienen und sich nun nicht mehr mit all dem komplizierten Kleinkram des alltäglichen Lebens befassen müssen, weil sie Leute dafür bezahlen können, die das für sie erledigen.

Im Gegensatz zu den Tieren verfügen wir Menschen also über sehr viele verschiedene Möglichkeiten zur Komplexitätsreduktion. Das liegt daran, dass unser menschliches Gehirn so offen für alles ist, was es dort draußen in der Welt wahrzunehmen, zu verarbeiten und zu tun gibt. Und dass dieses Gehirn nur dann eine bestimmte Leistung hervorbringen kann, wenn dort oben einigermaßen Ordnung herrscht. Sonst würden wir im Chaos unserer Wahrnehmungen und unserer Gedanken versinken. Deshalb ist Komplexitätsreduktion eine entscheidende Voraussetzung für ein einigermaßen funktionierendes Hirn. Aber nicht alles, was wir dabei als Lösung finden, erweist sich auch langfristig als tragfähig. Denn mit der Wahl eines neuen Anführers oder durch die Verengung des eigenen Blickfelds, durch Verdrängung und Ablenkung, durch das Abtauchen in virtuelle Welten oder das Streben nach Macht, Einfluss oder Reichtum werden das Leben und das Zusammenleben von Menschen ja nicht wirklich einfacher. Im Gegenteil, je mehr Leute das versuchen, desto heftiger kommen sie sich dabei über kurz oder lang ins Gehege, und dann wird es immer komplizierter.

So geht es also nicht. Wenn das Durcheinander in einer Gesellschaft und in den Köpfen der Menschen immer größer wird, hält das irgendwann auch das beste Hirn nicht aus. Zu viel Durcheinander im Hirn verbraucht zu viel Energie. Schon im Ruhezustand, also immer dann, wenn wir flach auf dem Rücken liegen und gar nichts denken, saugt das Hirn etwa zwanzig Prozent der vom Körper bereitgestellten Energie in Form von Glukose weg. Sobald wir die Augen öffnen, zu denken anfangen oder gar ein Problem haben, steigt dieser Energiebedarf massiv an. Und wenn es womöglich sogar viele Probleme sind, die sich kaum noch lösen lassen, bricht die normalerweise im Hirn herrschende Ordnung schnell zusammen. Dann funkt dort alles kreuz und quer, und der Energieverbrauch steigt so stark an, dass das nun auch im Körper als unangenehmes Gefühl spürbar wird. Spätestens dann fangen wir an, nach etwas zu suchen, das im Gehirn das Durcheinander abstellt und diesen viel zu hohen Energieverbrauch wieder normalisiert. Was also tatsächlich hinter unseren Bemühungen steckt, wieder einigermaßen für Ordnung im Hirn zu sorgen, ist nur vordergründig der Versuch zur Komplexitätsreduktion. Was wirklich dahintersteckt, beschreibt der zweite Hauptsatz der Thermodynamik. Dieses physikalische Grundgesetz lässt nicht allzu viele Möglichkeiten zu: Entweder gelingt es, die zur Aufrechterhaltung einer komplexen Struktur erforderliche Energiemenge zu minimieren, oder das ganze bisher aufgebaute Gebilde zerfällt in seine Einzelteile Und dann verteilt sich die darin enthaltene Energie wieder gleichmäßig im Universum. Daran kann auch ein menschliches Gehirn nicht vorbei, ebenso wenig wie eine menschliche Gemeinschaft.

Bisher haben wir aber noch keine Antwort auf die Frage gefunden, wie es uns gelingen kann, die zur Aufrechterhaltung der inneren Ordnung und Struktur unseres Gehirns und unserer menschlichen Gemeinschaft erforderliche Energie nicht nur kurzfristig, sondern dauerhaft zu minimieren. Was unsere Vorfahren auf der Suche nach einer Lösung für dieses Grundproblem ihrer Existenz alles versucht haben, lässt sich in den Geschichtsbüchern nachlesen. Es wurde tausendmal probiert, und tausendmal ist nichts passiert. Im Gegenteil! Unser Energieverbrauch ist ständig angestiegen. Noch nie hat ein einzelner Mensch im Durchschnitt – wie auch die Menschheit insgesamt – so viel Energieressourcen verbraucht wie heute. Noch nie hat sich das energieaufwendige Durcheinander in den Köpfen der meisten Menschen und in ihrem Zusammenleben so rasch ausgebreitet wie in den letzten Jahrzehnten. Alle ahnen, dass das so nicht mehr lange gutgehen kann, aber eine tragfähige Lösung ist nicht in Sicht. So, wie es bisher immer wieder versucht worden ist, also mit der Einsetzung eines neuen, für Ordnung sorgenden Anführers, geht es nicht.

Viele haben versucht und versuchen bis heute, anderen zu erklären, wie es gehen könnte. Dabei wurde und wird an deren Gewissen appelliert, an Werte und Normen erinnert, Druck gemacht, Gesetze erlassen und Regeln festgelegt. Es hat nichts genützt. Wir stürzen von einer Krise in die nächste, verbrauchen immer mehr Energie, plündern die natürlichen Ressourcen unseres Planeten und haben keine Ahnung, wie irgendeine Ordnung in das von uns angerichtete Durcheinander kommen soll. Stattdessen machen sich die Ersten fertig für einen Flug zum Mars.

Irgendwie, so scheint es, haben wir die Orientierung verloren. Verantwortlich dafür ist sicher nicht unser Gehirn. Aber es ist anfällig dafür, denn anders als bei den Tieren sind die unser Denken, Fühlen und Handeln leitenden neuronalen Verschaltungsmuster nicht angeboren. Wir müssen als Einzelne, aber auch alle zusammen erst lernen, worauf es im Leben ankommt. Diese durch eigene Erfahrungen erworbenen und im Gehirn verankerten Vorstellungen nutzen wir dann als Orientierung bietende innere Bilder, um Entscheidungen zu treffen, entsprechende Handlungen einzuleiten und unser Verhalten zu steuern. Deshalb sind die von jedem Menschen im Lauf seines Lebens entwickelten Vorstellungen davon, worauf es im Leben ankommt, so bedeutsam für seine eigene Lebensgestaltung. Manche dieser Vorstellungen übernehmen wir von wichtigen Bezugspersonen. Manche entwickeln wir, um unser Leben und unser Zusammenleben mit anderen auf die damit einhergehenden Erfordernisse auszurichten und uns so an die jeweils herrschenden sozialen, kulturellen und ökonomischen Gegebenheiten anzupassen. Und manche Vorstellungen entwickeln wir auch, weil sie uns helfen, wir selbst zu bleiben, uns nicht in der Vielfalt äußerer Anforderungen und Notwendigkeiten zu verlieren. Um diese besonderen Vorstellungen geht es in diesem Buch.

Wonach ich hier mit Ihnen gemeinsam suchen will, ist also so etwas wie ein innerer Kompass, den jeder Mensch im Lauf seines Lebens entwickelt und der ihm hilft, sich nicht in der Vielfalt der von außen an ihn herangetragenen oder auf ihn einstürmenden Anforderungen und Angebote zu verlieren. Dazu zählen nicht nur die vielen Verlockungen und Heilsversprechen, die ihm von anderen gemacht werden, sondern auch all das, was jemand als Notwendigkeiten und unabwendbare Gegebenheiten betrachtet, denen er sich, wie er meint, fügen müsse und die er, wie alle anderen auch, zu akzeptieren habe.

Damit eine Person den Mut aufbringt und die notwendigen Kräfte mobilisieren kann, um diesen von außen einwirkenden Verführungen, Angeboten oder scheinbaren Notwendigkeiten zu widerstehen, müsste es etwas geben, das in ihr wach wird und aus ihrem Inneren heraus kräftiger und verhaltensbestimmender wirkt als die von außen kommenden Vorführungen, Angebote oder scheinbaren Notwendigkeiten. Genau das ist dieser innere Kompass, nach dem ich mit Ihnen suchen möchte.

Aus neurobiologischer Sicht handelt es sich dabei um ein inneres Bild, also um ein in dieser Situation aktiv werdendes neuronales Verschaltungsmuster, das sehr eng an die Vorstellungen der eigenen Identität gekoppelt und damit zwangsläufig auch sehr stark mit emotionalen Netzwerken verknüpft ist. Es geht dabei um eine innere Vorstellung davon, was für ein Mensch jemand sein will. Für diese Orientierung bietende, vor jeder Art von Durcheinander im Hirn schützende und deshalb den Energieverbrauch dauerhaft reduzierende Vorstellung gibt es im Deutschen einen wunderbaren, wenngleich fast schon vergessenen Namen: Würde.

Die Vorstellung der eigenen Würde ist tief verwurzelt und eingebettet in die innere Überzeugung von dem, was uns als Menschen auszeichnet und worin unser eigentliches Menschsein im eigenen Handeln zum Ausdruck kommt.

Weil dieser Würdebegriff eine solch zentrale Bedeutung für unser Menschsein besitzt, haben sich vor allem Philosophen und später auch die Vertreter verschiedener anderer geisteswissenschaftlicher Disziplinen um aus ihrer Sicht geeignete Definitionen bemüht.

In diesem Buch mache ich nun den Versuch, das, was wir als die Würde des Menschen bezeichnen, aus naturwissenschaftlicher Perspektive zu beleuchten. Hierfür bieten die neueren Erkenntnisse der Hirnforschung, der Entwicklungspsychologie und der Komplexitätswissenschaften eine bisher nicht vorhanden gewesene Grundlage.

Die Kernthese dieses Buches lautet: Wer sich seiner eigenen Würde bewusst wird, ist nicht mehr verführbar. Die Verfasser des ersten Artikels unseres Grundgesetzes haben das so noch nicht gesehen. Dass die Würde des Menschen unantastbar ist, war für sie entscheidend, und sie betrachteten diese Würde als etwas jedem Menschen Gegebenes, ihm vom Lebensanfang bis zum Lebensende Innewohnendes.

Wer sich seiner eigenen Würde bewusst wird, ist nicht mehr verführbar.

Diese Auffassung kann auch ein Naturwissenschaftler teilen. Aus neurobiologischer Perspektive jedoch stellt sich die Frage, was aber die einem Menschen innewohnende Würde bedeutet, wenn er sich ihrer gar nicht bewusst ist. Und welcher grundlegenden Erfahrungen es bedarf, damit sich ein Mensch seiner eigenen Würde bewusst werden kann.

Daraus ergibt sich im Weiteren die Frage, was es bedeutet, wenn sich eine Person ihrer eigenen Würde bewusst zu werden beginnt. Welchen Einfluss hat das auf ihr Denken, Fühlen und Handeln? Und gibt es dann etwas, das diese Person fortan nicht mehr so wie bisher zu behandeln und zu tun imstande wäre?

Noch interessanter ist die Frage, ob überhaupt jemand die Würde eines anderen Menschen zu verletzen vermag, wenn dieser sich seiner eigenen Würde bewusst ist. Oder noch deutlicher: Verletzt nicht jeder, der die Würde eines anderen Menschen verletzt, in Wirklichkeit seine eigene Würde?

Das sind spannende Fragen, und ich bin froh, dass ich sie endlich in dieser Weise zu stellen in der Lage bin. Die Antworten, auf die ich gestoßen bin, habe ich hier so darzustellen versucht, dass sie von möglichst vielen verstanden werden können. Aber diese Antworten beruhen auf dem begrenzten Wissen und den begrenzten Erfahrungen, die mir als Einzelnem zur Verfügung stehen. Nur dadurch, dass viele Menschen ihr jeweiliges Wissen und ihre jeweiligen Erfahrungen miteinander teilen, können irgendwann Antworten gefunden und Lösungen gesucht werden, die dann auch gemeinsam umsetzbar sind.

Für unser künftiges Zusammenleben und die Wiederentdeckung unserer Verantwortung als würdevolle Menschen wäre das ein Segen.

Geht es noch würdeloser?

ICH HABE BIOLOGIE STUDIERT. Vorher war ich in einer ganz normalen Schule, und danach bin ich Neurobiologe geworden, weil ich verstehen wollte, wie das Nervensystem funktioniert und was alles in unserem Gehirn passiert. Dass sich einzelne Personen sehr würdelos verhalten, habe ich in dieser Zeit oft genug erlebt. Sonderbarerweise schienen die das aber gar nicht zu bemerken. Und mir selbst ist dieses würdelose Verhalten wohl nur deshalb aufgefallen, weil ich das Glück hatte, in meinem Leben auch einigen Menschen zu begegnen, die anders waren. Durch die Art und Weise, wie sie anderen Menschen begegneten, und oft auch, wie sie mit anderen Lebewesen umgingen, machten sie für mich erfahrbar, was es heißt, würdevoll zu leben.

Ich erinnere mich noch genau an die erste dieser Begegnungen. Elf oder zwölf Jahre alt muss ich damals gewesen sein. Wir Kinder waren mal wieder im Wald unterwegs, wie immer nach der Schule. Wir nannten es strolchen, herumziehen, ohne ein Ziel, einfach sein. Auf Bäume klettern, Äpfel klauen,

Kaulquappen fangen. Was man so macht, wenn man kein Smartphone dabeihat. Wir waren eine Gruppe von Abenteurern, und unsere Eltern waren froh, wenn wir abends wieder heil und vollzählig zu Hause ankamen und ins Bett fielen. Und wir waren froh, wenn niemand uns fragte, was wir den ganzen Nachmittag über gemacht hatten.

An einem dieser Tage kam ein Herr des Weges, ein freundlicher alter Mann, der sich wohl verlaufen hatte. Er trug einen mächtigen Bart und sah, so würde ich heute sagen, aus wie Konrad Lorenz, dieser berühmte Verhaltensforscher, der viel Zeit seines Lebens mit der Beobachtung von Graugänsen verbracht hatte. Über seinen Schultern hatte der alte Mann – es ist wirklich eine wahre Geschichte – einen Riemen mit einem Blechbehälter hängen, es war eine Botanisiertrommel, so nennt man das, in deren Schutz man gesammelte Pflanzen legte. »Kinder«, fragte er, »könnt ihr mir sagen, wie ich zur nächsten Bushaltestelle komme?«

Ich bin in Emleben groß geworden, wo mein Großvater eine Wassermühle betrieb am rauschenden Bach; Emleben, das ist ein kleines Dorf bei Petriroda, das ist bei Gotha, also in Thüringen. So einfach aber war es für uns nicht, dem guten Mann den Weg zu erklären, es ging rechts, es ging links, dann wieder eine Biegung, es war ein wenig kompliziert durch den Wald. Deshalb boten wir ihm an, ihn zu begleiten. »Also los«, sagte der Herr und machte sich mit uns auf den Weg. Was dann kam, war wie eine

Offenbarung: Mir eröffnete sich eine neue Welt. Ich kannte ein wenig vom Wald und wusste die Namen von ein paar Bäumen. Ich mochte es, über lindgrüne Moospolster zu laufen und durch herbstliches Laub. Aber dieser Mann lief nicht einfach nur einen Weg entlang; es war, als wollte er uns lauter Geheimnisse verraten. »Schaut mal, Jungs«, sagte er und zeigte am Wegesrand auf eine krautige Pflanze, »das ist eine Kuckucks-Lichtnelke. Sie blüht im Mai und Juni, wenn auch der Kuckuck ruft. Und dort drüben im Gebüsch, da singt ein Rotkehlchen. Und etwas weiter ein Laubsänger, erkennt ihr den Unterschied?« Wir lauschten andächtig und versuchten zu folgen, und plötzlich fühlten wir uns wie Entdecker auf einer Expedition. Das war natürlich ein Abenteuer und gar nicht so weit weg von zu Hause.

So ging es weiter, hier eine Butterblume und da duftender Bärlauch, ich war völlig fasziniert. Weil dieser Weg so schön war und weil uns dieser Mann mit seiner ruhigen weichen Stimme aus dem Nichts so begeistern konnte. Wenn ich mich recht entsinne, war das Ganze auch deshalb so außergewöhnlich, weil seine Erklärungen anders waren als die der Erwachsenen, die mir bis dahin das Leben verständlich zu machen versucht hatten: immer unter dem Aspekt, wie und wofür Tiere und Pflanzen zu gebrauchen sind. Ein Schwein sei zum Schlachten da, die Möhre zum Essen, so ähnlich. Aber nun war da jemand, der uns Kindern einfach nur erklärte, wie schön alles war, was wir da sahen und hörten. Und er freute sich so darüber, umso mehr, als wir ihm wirklich mit großen Augen lauschten. Es war ein bisschen so, denke ich heute, wie es in der Bibel geschrieben steht: »Ist nicht das Leben mehr als die Nahrung und der Leib mehr als die Kleidung? Schaut auf die Vögel des Himmels: Sie säen nicht, sie ernten nicht, sie sammeln nicht in Scheunen …«

Die Schönheit des Lebens geht mir seitdem nicht mehr aus dem Sinn. Ich bin so gerne draußen unterwegs. Wenn die Sonne scheint, muss ich raus, im Winter wie im Sommer. Und laufen und wandern und schauen und staunen.

Nun ist es schon ein halbes Jahrhundert her, dass ich mit meinen Freunden im Wald den Pflanzensammler traf und begann, mich für den Zauber des Lebens und die Schönheit der Welt zu interessieren. Von den vielen Büchern, die ich seitdem las, ist mir eines in besonderer Erinnerung. Das der amerikanischen Biologin Rachel Louise Carson. Mit ihrem Bestseller *Silent Spring* führte sie Anfang der 1960er Jahre auf erschütternde Weise vor Augen, wie wir Menschen dabei sind, das zu zerstören, was wir so sehr lieben. Sie beschrieb den Einsatz des Pflanzengifts DDT und wie dieses Pestizid das Leben auf unserem blauen Planeten ausrottet. Verschwunden war vielerorts damals schon das vielfältige Frühlingsgezwitscher der Singvögel, verschwunden das Schwirren und Summen der aus dem Winterschlaf erwachten Insekten. Es war die Zeit, als alle Welt auf rücksichtsloses wirtschaftliches Wachstum setzte und es nur wenige interessierte, auf wessen Kosten dies geschah. Bis heute tötet dieses Gift, obwohl es vor 30 Jahren nach langem Kampf endlich verboten wurde; es setzte sich in Böden fest und im Wasser. Die Insekten starben, und die Vögel, die sie gefressen hatten, auch.

Der Frühling war in vielen Gegenden stumm geworden. Wer das Buch damals gelesen hatte, war sprachlos, betroffen, erschüttert. Manche machten sich auf den Weg und begannen zu kämpfen. Gegen gierige Industrielle und ihre Handlanger in der Forschung. Es war die Geburtsstunde der weltweiten Umweltbewegung. Müll wurde verklappt in den Meeren, saurer Regen vergiftete die Wälder. Bürger vereinten sich in Initiativen, überall gründeten sich grüne Parteien und zogen in die Parlamente ein. Sie wollten die Welt retten und der gedankenlosen Vernichtung des Lebens und der Schönheit nicht tatenlos zusehen. Spektakulär waren ihre Aktionen, ermutigend ihr Einsatz. Sie feierten große Erfolge, und sie erlitten bittere Niederlagen.

Heute, Jahrzehnte später, sitze ich hier in der Nähe von Göttingen in einem Garten auf dem Land und frage mich, warum es so still ist. Leicht weht ein Wind, die Sonne scheint. Herrlich ist es hier, ich genieße die Zeit. Es geht mir gut, nichts scheint mir zu fehlen. Aber ich bin unruhig; ich vermisse ein Geräusch, das ich in vielen Jahren liebgewonnen habe. Es ist das Summen der Bienen im Lindenbaum. Süßlich wie immer der Duft seiner Blüten; aber es gibt keine Bienen mehr. Der letzte Imker hat im vergangenen Jahr aufgegeben. Nachdem der Raps auf den riesigen Feldern verblüht und die Obstblüte vorbei war, hatten die Bienen kaum noch eine Pflanze gefunden, aus der sie Nektar saugen konnten. Der Imker versorgte sie mitten im Sommer mit Zuckerwasser, sonst wären sie in der für sie reichsten Jahreszeit verhungert. Den Winter haben die Bienen dann nicht mehr überlebt.

Auch Hummeln oder andere Insekten sind in meiner Gegend kaum noch zu finden. Der Bauer hat seine Felder so perfekt mit Herbiziden gespritzt, dass dort nur noch das wächst, was er ausgesät hat. Kein Labkraut mehr im Weizen, keine Kornblume und kein Klatschmohn, und auf dem Rübenacker ist nicht mal mehr eine Kratzdistel zu sehen. Auf den Ackerstreifen am Feldrand wächst nur noch unverwüstliches Gras und manchmal eine Brennnessel. Aus der Ferne aber sieht diese Ackerlandschaft sehr schön aus, wie im Bilderbuch, und so ordentlich.

Und da sitze ich nun in meiner Gartenoase inmitten all dieses grün verkleideten Industriegebiets und seiner lebensfeindlichen Eintönigkeit und frage mich, was aus der Empörung von damals geworden ist. Was haben die Umweltschützer tatsächlich bewirkt? Was haben die vielen Vereine und Parteien mit ihren Artenschutzprogrammen, die ständigen Nachhaltigkeitskongresse, die Umwelt- und Klimaschutzkonferenzen, die Gesetzesinitiativen und Richtlinien, die Unmenge an Büchern und Beiträgen zum Thema Naturschutz und Artenvielfalt wirklich verändert? Zu Beginn der 1960er Jahre benötigte die Menschheit lediglich zwei Drittel der auf der Erde zur Verfügung stehenden Ressourcen. Sehr bald, 2030, werden, wenn es so weitergeht, zwei Planeten vonnöten sein, um den Bedarf an Nahrung und nachwachsenden Rohstoffen zu decken; 2050 wären es dann wohl drei. In ihrer Not, den Menschen die Dramatik in einer für sie nachvollziehbaren Weise zu verdeutlichen, haben Umweltschutzverbände begonnen, jährlich einen »Welterschöpfungstag« zu datieren. 2017 war dies der 2. August. Von diesem Tag an sind die Ressourcen aufgebraucht, welche die Erde innerhalb eines Jahres regenerieren kann. Und der Zeitpunkt verschiebt sich immer weiter nach vorn, zwei Jahre zuvor noch war es der 13. August.

Wenn die Bienen sterben, sterben bald auch die Menschen, sagen die Imker. Nach dem Schwein ist die Biene das wichtigste Nutztier. Ohne Bienen gibt es keinen Honig, und Bienen bestäuben fast alle Pflanzen. So stumm wie in diesem Frühjahr war es in meiner Gegend vor fünfzig Jahren noch nicht, und auch nicht vor zwanzig Jahren. Auch wenn das Eingeständnis weh tut: All das Engagement für den Umweltschutz hat wenig bis nichts gebracht. Jedenfalls hat es nicht gereicht, um diese zerstörerischen Auswirkungen einer nur an Effizienz, Wirschaftlichkeit und Profit orientierten Landwirtschaft aufzuhalten. Kein Wunder, dass die ursprünglich hoch motivierten

Umweltschützer inzwischen ziemlich müde geworden sind.

Aber die Weltwirtschaft floriert, seit Jahren werden die Wachstumsprognosen angehoben. Und trotzdem leben Milliarden Menschen in bitterster Armut und müssen, wenn sie überhaupt etwas Geld haben, mit weniger als zwei Dollar am Tag auskommen. Mehr als die Hälfte aller Kinder weltweit wächst unter unzumutbaren Bedingungen auf. Selbst in Deutschland, einem der reichsten Länder der Erde, wird jeder Zehnte vom Staat alimentiert und bekommt sogenannte Sozialleistungen, die nicht mehr als den minimalen Lebensbedarf decken. Andererseits ist es für viele Manager bis heute selbstverständlich, so schnell und so viel wie möglich abzukassieren. Wenn es um das eigene Fortkommen geht, sind sie nicht zimperlich, auch wenn mittlerweile »Ethik« zu ihrem Wortschatz zu zählen hat. Weil so viele von ihnen offenbar bereit sind, zu ihrem eigenen Vorteil andere zu täuschen, beherrscht ein Skandal nach dem anderen unsere Aufmerksamkeit.

Atemberaubend sind auch die Nachrichten aus der Biomedizin. Die Geschichte der Entwicklung des Lebendigen, in Milliarden von Jahren den Gesetzen der Auslese gehorchend, tritt in eine unglaubliche Phase ein: In Laboren entstehen neue Lebewesen. Südkoreanische Wissenschaftler klonen Haustiere auf Bestellung. Russische Experten haben das Genom eines im sibirischen Eis gefundenen Mammuts entschlüsselt und wollen das Tier wieder auferstehen lassen. Ein Amerikaner möchte die aufwendig rekonstruierte Erbmasse eines Neandertalers in einen Menschen von heute einsetzen. Die Experten der südkoreanischen Firma Sooam Biotech kopierten für einen chinesischen Fabrikanten Kühe und Hunde. »When your dog has passed away«, heißt es auf ihrer Internetseite, »do not place the cadaver inside the freezer.« Man umwickle ihn besser mit nassen Tüchern und schreibe innerhalb von fünf Tagen eine E-Mail und warte auf weitere Instruktionen. Japanische Mediziner züchten menschliche Embryonen im Labor; inzwischen ist es ihnen gelungen, Bindegewebszellen der Haut eines erwachsenen Menschen in Stammzellen zu verwandeln. Daraus lassen sich auch Kinder machen, eine Welt ohne Sex ist möglich. Und bald wird es Kinder auf Bestellung geben, mit drei Vätern oder zwei Müttern. Biologen wollen mithilfe der Gentechnik die Moral der Menschen steuern. Und Erfahrungen aus dem Hirn extrahieren, um es – copy and paste – in ein anderes hineinkopieren zu können. Chips im Kopf sollen Gefühle wie Liebe und Hass, Vertrauen und Wut erzeugen. Oder unterdrücken. Was wir denken, wird eines Tages vielleicht abhängig sein von implantierten Hirnelektroden oder der Laufdauer einer Batterie.

Über Jahrtausende lebten die Menschen von ihrer Hände Arbeit. Heute verbringen wir die meiste Zeit vor Bildschirmen und brauchen unsere Finger nur noch zum Tippen. »Deadline«, Todeslinie, heißt das Wort, das in vielen Betrieben für erhöhten Pulsschlag sorgt. Für Stress und Depression, weil bisher auch von der Wucht der Digitalisierung verschonte Arbeit sich der Logik des Algorithmus zu unterwerfen hat. War es mit Beginn der Industrialisierung die Handarbeit, die getaktet und normiert wurde, so wird jetzt auch die Kopfarbeit zu einem Fließbandjob. Jederzeit ist messbar, was welcher Mitarbeiter wie schnell erledigt, Standards und genau festgelegte Abläufe bestimmen den Job. Akkord für alle: An den Arbeitsplätzen wird fast alles vermessen, von der Bewegung mit der Maus vor dem Bildschirm bis zur Herzfrequenz eines Mitarbeiters. Tausende von Arbeiten, einst individuell ausgeführt, müssen nun synchron erledigt werden, in immer gleichem Takt. Und den bestimmt die Automatik. Immer mehr Maschinen erledigen heute schon das, was bisher Menschen machten. Software sichtet juristische Dokumente und ersetzt einen Teil der Arbeit von Anwälten. Computer verwalten Vermögen und schaffen Banker ab. Busse rollen ohne Fahrer, Drohnen führen Krieg. In den nächsten Jahren werden wohl auch autonome Killer-Roboter Realität sein.

Das nächste große Ding wird die Weiterentwicklung dieser Algorithmen und Zahlenkombinationen. Computer bewerten bereits heute menschliches Verhalten anhand der Stimmlage bei Telefonaten, der Bewegungen beim Entfernen vom Arbeitsplatz oder dem Gang in die Kantine, dem Flüstern beim Gespräch oder der Nervosität in der Stimme. So wird die Vertrauenswürdigkeit eines Menschen beurteilt. Registriert, bewertet und katalogisiert wird, wie wer um sich schaut, den Kopf hält, die Augen dreht: Jede Abweichung von der Norm ist verdächtig, und die Norm wird von Ziffern definiert. Algorithmen können sich selbst verbessern und aus ihren Fehlern lernen. Programmierer träumen von Maschinen, die sich fortlaufend selbst weiterentwickeln.

Menschen, die nicht weiter optimiert werden können, werden dann nutzlos. Die an ihre Stelle gerückten Automaten werden nie müde oder krank sein. Man kann sie immer weiter füttern, nie werden sie erbrechen. Sie merken alles und vergessen nichts. Sie suchen systematischer, sie finden schneller bestimmte Informationen. Nicht mal Ärzte werden mithalten können, wenn es um Diagnosen geht. Auch im Krankenhaus liefern Rechner sachgerechte Einschätzungen und geben Vorlagen für Entscheidungen. In einer Zeit, die das Sterben verdrängt. Als eine Zumutung betrachtet, als Beleidigung des menschlichen Genius. Wo Todkranke aus ihrer vertrauten Umgebung in unpersönliche Hochleistungszentren verbracht werden, wo man ihr Leben zu verlängern versucht. Auch hier wird möglich gemacht, was möglich ist. Weil da immer noch Optionen sind, immer noch nicht alles, was unternommen werden kann, unternommen wurde. Nicht immer ist dies zum Wohle des Menschen.

Woanders auf der Welt haben Menschen noch viel drängendere Probleme; viele wissen nicht, wie sie den nächsten Tag überleben und ihre Kinder durchbringen sollen. Klar würden die lieber auch so leben wie wir. Es scheint auf den ersten Blick zu verlockend, und wir senden ja auch die Bilder von unserem schönen Leben ständig in die Welt. Und wenn sie sich dann aufmachen und sich zu uns durchschlagen, dann zieht der eine einen Zaun und der andere baut eine Mauer. Der nächste schließt Verträge mit einem anderen, damit der ihm den Ärger vom Hals hält; und wieder andere hoffen insgeheim, dass so viele Menschen im Meer ertrinken, dass es die anderen abschreckt, sich auch auf den Weg zu machen.

Wir hatten gedacht, der technische Fortschritt, dessen digitale Netze uns in Sekunden um den Globus herumkatapultieren, würde uns Menschen ungeahnte Möglichkeiten eröffnen.

Wir hatten gedacht, der technische Fortschritt würde uns Menschen ungeahnte Möglichkeiten eröffnen.

Facebook zum Beispiel hatten wir uns vorgestellt als eine milliardengroße Gemeinschaft der Guten, die sich als Freunde gefallen, vor den Bildschirmen nur einen Klick voneinander entfernt. Was war das für eine schöne Aussicht, und wie schnell ist sie zu einem Horrorszenarium geworden. Millionenfach werden mittlerweile Filme durch die Welt geschickt, in denen Menschen gedemütigt und gequält werden.

Das Internet lässt den Respekt vor der Privatsphäre und der Rechtsordnung in atemberaubender Geschwindigkeit vergessen. Andere zu mobben, hereinzulegen, als Objekte zur Verfolgung eigener Absichten zu benutzen, ist eben auch auf YouTube zu einem Millionenmarkt geworden.

Konsumenten, die wir sind, kommen wir kaum noch zu uns, weil andere längst da sind, um uns abzufüllen. Aufmerksamkeitshändler beballern uns mit gezielter Werbung, schießen unsere Hirne sturmreif. Wir kaufen und werfen weg. Ordnen ein und sortieren aus. In einer Zeit, die auf Erlebnis aus ist. Auf Ablenkung. Die mit Werbung betäubt und mit Daten wuchert. Und immer wieder der bange Blick auf den Bildschirm, ob es blinkt. Oder brummt. Denn wir leben in einer aufgeregten Zeit. Das Smartphone macht, dass wir keine Sekunde mehr nichts zu tun haben. Wer mit wem was hat. Wenn wir wollen, bekommen wir so ziemlich alles mit. Was wir früher einem Menschen anvertrauten, können wir heute innerhalb von Sekunden mit Tausenden teilen. Das Dumme ist nur: Wir registrieren mehr, als wir verarbeiten können. Und beschäftigen uns zu viel mit Dingen, die nicht die unseren sind. Für alles ist ein Wort. Und für nichts mehr Zeit. Wir sind zu Gefangenen geworden von Annahme und Vorurteil, Bewertung und Absicht.

Das Dumme ist nur: Wir beschäftigen uns mit mehr Dingen, als wir verarbeiten können.

Ein Krankenhaus war einst der Stolz einer Stadt oder eines Landkreises. Im Mittelpunkt stand, wie es so oft heißt, der Mensch. Heute ist der eher ein Störfaktor. Bis Mitte der 1980er Jahre war es in der Bundesrepublik gesetzlich verboten, in Krankenhäusern Gewinne zu machen. Heute sind sie Geschäftsmodell. Kaufleute statt Mediziner oder Nonnen haben die Leitung übernommen, Chefärzte erhalten Boni für rentable Operationen. Auch in öffentlichen Krankenhäusern orientiert man sich eher an der betriebswirtschaftlichen Kosten-Nutzen-Rechnung als am Wohl des Patienten.

Ärzte werden am Gewinn gemessen, Pfleger und Patienten daran, wie viel sie kosten. Zeit ist Geld: Bei Patienten, die längerer Zuwendung bedürfen, aber dem Betreiber kein Geld einbringen, wenn eine vereinbarte Operation abgeschlossen ist, kommt es oft zur sogenannten »blutigen Entlassung«. Die Wunde ist noch nicht verheilt, aber das Krankenzimmer schon an den nächsten verkauft.

Die Ärzte und das Pflegepersonal wissen, wie sehr die Würde aller durch eine Behandlung mit der Stoppuhr leidet. Wenn ein Assistenzarzt bis zu dreißig Stunden durcharbeitet und für eine ganze Station mit vierzig Betten zustandig ist und ein Pfleger sich um zu viele Patienten kümmern muss, wird aus dem Traumberuf, andere Menschen zu umsorgen, ein Horrorjob. Es wird gespart: an Pflegern, an Ärzten, an Zuwendung. Ein Pfleger versorgt im Durchschnitt zehn Patienten. Acht von zehn Krankenpflegern geben in

Umfragen an, oft übermüdet oder krank zur Arbeit zu gehen, drei von vier wollen noch vor dem Rentenalter aufhören. Die Hälfte meint, nicht so arbeiten zu können, wie es eigentlich notwendig sei.

Pflege-Roboter werden niemals müde. In Japans ebenfalls alternder Gesellschaft arbeiten Experten deshalb jetzt schon daran, so schnell wie möglich so viele wie nötig von ihnen zu entwickeln. In den nächsten Jahren fehlen dort bis zu einer Million Krankenpfleger und in einem Institut, das sich »Zentrum für Forschung zur Symbiose von Mensch und Roboter« nennt, steht bereits »Terapio« bereit. Das Gerät ähnelt eher einem Mülleimer als einem Pfleger, aber Not macht eben erfinderisch. Eine Kamera ermöglicht es ihm, das Gesicht eines Patienten zu erkennen und einem Arzt dann schnell die Krankenakte zugänglich zu machen. Es gibt auch Roboter, die Robben ähneln und deren Sensoren auf Streicheln reagieren. »Leichter«, »wendiger« und »gefühlvoller« sollen sie werden, die Typen der nächsten Generation, so versprechen es die Hersteller.

Die Wissenschaftler und Techniker, die Vordenker und Umsetzer all dieser Entwicklungen haben unsere Schulen besucht und sind meist auch in den besten Universitäten ausgebildet worden. Dort müssen sie sehr gut gelernt haben, wie man auf Kosten anderer Profite macht, nicht aber dass jemand, der einen anderen Menschen zur Realisierung seiner persönlichen Absichten und Ziele benutzt, nicht nur

dessen, sondern vor allem seine eigene Würde verletzt.

Die Würde wird im Unterricht eher mit Gramma-
tik in Zusammenhang gebracht. Ein Begriff aus dem
Konjunktiv: Er, sie, es würde etwas tun. »Herr Lehrer,
ich weiß was: Das ist eine der Satzverbindung die-
nende Aussageweise und neben dem Indikativ und
dem Imperativ einer der drei Modi des Verbs.« –
»Richtig, setzen, eins.«

Würde also als eine Möglichkeit, was einer sich
wünscht, was sein *könnte*: Ich würde gern dies haben
und das machen. Zum Beispiel einen anderen Lehrer oder eine bessere Schule und weniger Druck und
weniger Stress und mehr Freude beim Lernen. Solche Sachen. Aber Würde im Unterricht? Würde an
Schulen? Gibt es das? War da was?

Wie schön das Lernen doch am Anfang des
Lebens noch war, wie wunderbar dieses Schnüffeln
und Forschen und einer Spur folgen. Wie großar-
tig, lernen zu dürfen! Aber in der Schule soll dieses
Lernen im Sitzen stattfinden. Wenn es Auslauf gibt,
dann nur auf einem engen Hof, und auch nur, wenn
vorher eine Glocke ein Signal gegeben hat. Die
Zeit – vorher so endlos wie der Raum – wird jetzt
portioniert, zerstückelt in Einheiten von 45 Minu-
ten. Auf jedes Fach folgt ein neues, ohne dass Dinge
zu Ende gedacht werden können. Aber still sollen
die zu Belehrenden sein und auf den Lehrer achten
und darauf, welche Fragen er hat. Die der Kinder
interessieren nicht so sehr, denn es gibt einen Plan

und darin steht, was wer wann zu lernen hat und wissen muss.

Und plötzlich wird aus dem Gestalter seines eigenen Seins jemand, der verwaltet wird. Der einem System ausgeliefert ist. Dem die Erfahrung eigener Würde versagt bleibt.

Es hat in den vergangenen Jahren viele Versuche gegeben, den Unterricht zu reformieren. Es gibt viele Lehrer, die einfallsreich sind und zugewandt, es gibt großartige Initiativen und mutige Pädagogen. Aber auch zu Beginn des 21. Jahrhunderts müssen wir feststellen: Viel zu viele Schulen sind noch immer militärisch organisiert. Sie sind Dressurstätten und dienen der Selektion. Schüler haben sich zu fügen, haben zu gehorchen, es geht hier nicht um ihren Willen. Andere über ihnen haben beschlossen, was sie wann zu lernen haben und in welcher Reihenfolge. Aus einem der schönsten Wörter der deutschen Sprache ist eine Pflicht geworden: Lernen.

Das, was jeder Mensch aus sich heraus gerne tut, sich und die Welt zu begreifen, Fragen zu stellen und wirklich nach einer Antwort zu suchen, hat hier wenig Bedeutung. Vorne eine Tafel und ein Lehrer und sitzend, an Zweiertischen, gelangweilte Jungen, gelangweilte Mädchen. In kleinen Räumen, die keinen Platz bieten für viel Fantasie. In einfallslosen Gebäuden, die nichts erwarten lassen. Wo, wenn man Glück hat, die Toiletten einigermaßen sauber sind. Und die Räume nicht verwahrlost. Wollte man die deutschen Schulgebäude endlich auf Vordermann bringen wollen, so haben Experten errechnet, kostete das 34 Milliarden Euro.

Seit es uns Menschen gibt, wollen wir uns verbessern. Wir möchten höher hinaus, weiter gehen, klüger werden. Dass wir in der afrikanischen Savanne zu dem wurden, was wir heute sind, ist Geschichte. Heute ist das Silicon Valley der Hotspot für evolutionären Fortschritt. Hier sitzen Männer und Frauen, die daran arbeiten, dass der Mensch seine menschliche Natur überwindet. Das Altern abschafft, den Tod, das Leid. Sie haben Allmachtsfantasien und nennen sich Transhumanisten. Sehen sich als Pioniere eines neuen Menschen, der alles kann und ohne Fehler ist. Alle Eigenschaften, die über Jahrtausende den Göttern zugeschrieben wurden, sollen nun denen zuteilwerden, die sich bereits die Erde untertan gemacht haben, sich aber mit der Vergänglichkeit des Körpers nicht abfinden wollen. Die Forscher arbeiten an Drogen, die uns schlauer, und an Prothesen, die uns schneller machen sollen. Und genmanipuliert wollen sie uns ewiges Leben schenken.

Noch fürchten sich viele vor dem, was da alles auf uns zukommt. Aber niemand weiß, wie es sich aufhalten lässt.

Noch bemerken viele, was uns schon jetzt alles verloren gegangen ist. Aber schon heute sind es nur noch wenige, die das bunte Durcheinander von unbeschwert auf Straßen und Plätzen oder gar in der freien Natur spielenden Kindern noch vermissen.

Bald wird sich auch kaum noch jemand daran erinnern, wie er nach jeder längeren Fahrt mit seinem
Auto die Windschutzscheibe von den vielen Insekten
säubern musste, die dort nur umkommen konnten,
weil sie noch überall in der Luft herumschwirrten.
Und wenn dieses Schwirren aufgehört hat, gibt es
bald auch keine Singvögel mehr. Und keine Frösche.
Aber auch die wird dann kaum noch jemand vermissen. Weil die Alten, die sich heute noch an ihren
Gesang und ihr Quaken erinnern können, dann auch
nicht mehr da sind.

Noch glauben viele, dass sich diese menschenun-
würdigen Entwicklungen und deren Folgen durch
strengere Regeln, bessere Gesetze und genauere Vorschriften aufhalten lassen. Und sie erwarten von ihren
Regierungen, dass sie endlich ordentlich durchgreifen
und dafür sorgen, dass den Verantwortlichen konse-
quent Einhalt geboten wird. Aber lehrt uns nicht jeder
neue Skandal, den diese Leute mit ihrer Gewinnsucht
heraufbeschwören, dass sie in jeder gesetzlichen Re-
gelung und bei jeder staatlichen Aufsicht auch immer
wieder ein Schlupfloch finden, um ihre Absichten
und Ziele auf Kosten von uns allen und sogar unserer
noch gar nicht zur Welt gekommenen Kinder beden-
kenlos umzusetzen?

Deshalb versuchen viele, selbst Druck zu machen
mit Demonstrationen, Initiativen und Aktionen,
um den für diese Entwicklungen Verantwortlichen
so das Handwerk zu legen. Don Quichotte lässt
grüßen. Auch er stritt tapfer gegen Mächte, die

schwer zu durchschauen und nicht zu besiegen waren. Er kämpfte gegen Windmühlen und drehte sich im Kreis – genauso kommen sich auch heute viele Aktivisten vor. Weil es trotz aller Bemühungen und der dadurch gelegentlich in Gang gekommenen Verbesserungen keinen wirklichen Durchbruch gibt. Seit Jahrzehnten nicht. Schärfere Gesetze zu erlassen, immer wieder dagegen anzurennen, zum Widerstand aufzurufen und mehr Druck zu machen, sind offenbar keine geeigneten Strategien, um wünschenswerte Veränderungen in der Landwirtschaft, in Unternehmen, in Schulen, in Krankenhäusern, in Altersheimen, in Banken oder wo auch immer durchzusetzen.

Wenn all das, was bisher versucht wurde, nicht funktioniert, so habe ich mich in meinem Garten unter dem Baum gefragt, wie geht es dann? Und dabei bin ich auf diesen inneren Kompass gestoßen, der uns dabei hilft, nicht nur so zu handeln, dass andere dadurch nicht verletzt werden, sondern wir uns dabei nicht selbst verletzen: unsere Würde.

Was also müsste einem Menschen widerfahren, der dabei ist, die Vielfalt des Lebens auf dieser Erde zu zerstören oder das im Lebendigen, also auch in jedem Menschen angelegte Entwicklungspotential zu unterdrücken? Er müsste Gelegenheit bekommen, sich zu fragen, ob das, was er tut und wie er lebt, dem entspricht, was er als seine Würde betrachtet. Nicht auf der Ebene ihres Denkens und Handelns müsste sich eine solche Person in Frage gestellt sehen, sondern auf der Ebene ihres Fühlens. Wenn das eigene Handeln in einen Widerspruch zu ihrem Selbstverständnis gerät, kommt es zu einer inneren Berührung. Nur so kann ihr die Würdelosigkeit ihres Handelns bewusst werden. Wer die Vorstellung von einem würdevollen Leben in sein Bewusstsein gehoben hat, kann nicht mehr anders als würdevoll leben.

Wie ist unsere Vorstellung
von der Würde des
Menschen entstanden?

ALTEHRWÜRDIG: Das sagen wir gerne, wenn wir bewundernd über Dinge reden, die schon lange Bestand haben. Staunend stehen wir vor Gebäuden mit Geschichte; Respekt gebieten auch alte Geschlechter oder Dynastien, die sich über die Zeit erheben. Der Begriff der Würde aber ist noch gar nicht so alt, und so richtig beeindruckend wurde seine Karriere erst im Verlauf des vergangenen Jahrhunderts. Andere Begriffe wie Gesetz und Ehre, Ruhm und Stolz gab es schon sehr lange; im christlichen Abendland galt der Mensch dann als vollkommen, wenn er sich die vier sogenannten Kardinaltugenden zu eigen machte: verständig, gerecht, fromm und tapfer zu sein. Später kamen noch Klugheit und Weisheit hinzu, aber von Würde war nicht die Rede.

Auch die griechischen Philosophen, so gern und oft zitiert, machten sich um die Würde weit weniger Gedanken, als man annehmen könnte. Wenn sie ein Wort hatten, das dem der »Würde« ähnelte, dann war es das griechische *to axioma*, was »Ansehen« bedeutete, »Machtstellung«, »Ehre« oder »Wertschätzung«. Aber all das waren veränderliche Merkmale, abhängig von anderen und den Umständen ausgeliefert. Die Würde als eine dem Menschen eigene und innewohnende Eigenschaft, unabhängig von den Zeitläuften und nicht jederzeit neu verhandelbar: Das war keine Vorstellung, von der sich die antiken Denker leiten ließen. Intensiver beschäftigten sie sich mit der Seele des Menschen, der Psyche, und zum Beispiel der Frage, um wie viel wertvoller diese gegenüber dem Körper sei. Die Gedanken kreisten um Leib und Seele, Lust und Leid. »Was einer sucht, das hat er nicht«, meinte Platon im 4. Jahrhundert vor Christus.

Geschichtskenner erwähnen den römischen Staatsmann Cicero als einen der Ersten, der von »Würde« sprach. In seiner Schrift über das rechte Handeln schreibt er von einer »erhabenen Stellung«, einer »überlegenen Stellung und Würde«, die das Wesen des Menschen charakterisiere. Dieser habe die Möglichkeit, das Gute und Richtige zu erkennen; der Geist des Menschen nähre sich durch Lernen und Denken, der kluge Mensch »erforsche und treibe immer irgendwas und lässt sich durch Freude am Sehen und Hören leiten«.

Das lateinische *dignitas* wurde von den Römern eher mit dem Wort *excellentia* verbunden. Und diese Exzellenz bezog sich meist auf ein Amt, woraus sich später der Begriff »in Amt und Würden« entwickelte. Würdevoll also war, wer gesellschaftlich anerkannt wurde, eine gewisse Stellung hatte, einen Posten bekleidete. Der das Unglück ebenso gelassen ertrug wie das Glück und nicht zu schnell und zu laut redete, eines gemächlichen Ganges mächtig, wie die Stoiker meinten. Wenn es damals so etwas wie eine Vorstellung von Würde gab, dann definierte sich diese vor allem darüber, welche Wertschätzung andere einem entgegenbrachten. Würde war, so gesehen, eher etwas für die Großen und Reichen, weniger für die Kleinen und Armen. Die hatten zu buckeln vor Würdenträgern. Und waren eben nichtswürdig, wenn sie nicht zu den Freien zählten. Ein Sklave, dem sein eigener Körper nicht gehörte, galt im römischen Recht nicht als Person.

In Ciceros Verständnis war die Würde eher ein Begriff wie aus einem Erziehungsratgeber: Maßvoll und beherrscht solle der Mensch sein, sparsam und enthaltsam, ein strenges wie nüchternes Leben führen – so schrieb er es in *De officiis*, seiner Schrift über die Pflichten, als Brief verfasst und offenbar auch als Mahnung an seinen Sohn Marcus, der in Athen studierte.

Ein anderer Sohn war es, der die Geschichte auch der Würde revolutionieren sollte: der Sohn Gottes, als Mensch »ihm zum Bilde, zum Bilde Gottes« erschaffen, so steht es in der Heiligen Schrift. Der Mensch als Gottes Ebenbild, in ihm und mit ihm und durch ihn, wie es in der katholischen Liturgie heißt, gottgleich also und anbetungswürdig: Das war mehr als eine frohe Botschaft. Aufrecht durch das Leben gehend, könne ein jeder sich selbst und die Welt erkennen, zur Freiheit befähigt, zur Freiheit bemächtigt. »Es gibt nicht mehr Juden und Griechen, nicht

Sklaven und Freie, nicht männlich und weiblich; denn ihr alle seid einer in Christus Jesus«, schreibt Apostel Paulus in seinem Brief an die Galater. »Denn die Gnade ist auf alle ausgegossen und verschmäht nicht Juden, Griechen, Barbaren, Skythen, nicht den Freien, den Sklaven, Männer, Frauen, den Alten und den Jungen.«

Dass sich später viele vermeintliche und sogenannte Würdenträger dieser Maßgabe als nicht würdig erwiesen, ist eine andere Geschichte; aber eine Deutung des Menschseins war in der Welt, um Himmels willen. Die Würde als ein göttlicher Begriff, gegeben von ganz oben, von dem, »der nie begonnen, er, der immer war, ewig ist und waltet, sein wird immerdar«, wie es im wohl schönsten Kirchenlied, verfasst von Johann Philipp Neumann, vertont von Franz Schubert, heißt: »Heilig ist der Herr«. Und damit auch, irgendwie, der Mensch. Als ein Wesen, mit Respekt zu behandeln, auserwählt und zur Freiheit berufen, mit dem Geschenk des Lebens gesegnet, dieser großartigen Gabe.

Ehre war Gott in der Höhe, aber weder war Friede auf Erden, noch genossen die meisten Menschen ein Wohlgefallen: Die Würde, eindringlich in Worten beschrieben, wurde auch nach der Geburt des Erlösers mit Füßen getreten. Ausbeutung, Krieg und Erniedrigung prägten die Geschichte; im Mittelalter galt die Armut als ein Ideal, sich göttlichen Weisheiten zu nähern. Die Reichen hielten sich Arme, um mit vermeintlichen Wohltaten ihre eigene

Seele zu retten. Und viele Arme und Bettler sahen sich schicksalhaft ihrem Dasein ausgeliefert und hatten andere Sorgen, als sich darum zu kümmern, ihr Leben würdevoll zu gestalten. Beschäftigten sich die Denker der Antike mit Anmut und Schönheit, war das Weltbild des mittelalterlichen Menschen von Verzicht geprägt und von Askese. Voll Sünde war der Mensch, verstrickt und versunken in die Versuchungen der irdischen Welt; Worte und Werke orientierten sich weniger an einem Leben vor denn nach dem Tode. Seine eigene Persönlichkeit zu entwickeln war im Diesseits ausgeschlossen, Erlösung und Vollendung nur in einer anderen Dimension möglich: im Jenseits, das alle Seelen rettet. Der Körper erlebt nur das Hier und Jetzt, für die Seele gibt es auch ein später. Der Mensch hatte sich einer göttlichen Ordnung zu fügen und sich christlichen Tugenden zu unterwerfen, in einer Gemeinschaft von Gläubigen. Wer Mut zur eigenen Meinung hatte, die sich nicht mit der deckte, die das Sagen hatte, galt als Ketzer und wurde exkommuniziert, aus der Gemeinschaft ausgeschlossen.

Es war paradox und widersprüchlich, wie die Persönlichkeit des Menschen damals definiert wurde. Auf der einen Seite gottähnlich, dem Bild seines Schöpfers gleich, um seiner selbst willen geschaffen, den Tieren und Pflanzen überlegen, die möglicherweise auch fühlen, aber nicht denken können. Gleichzeitig war der Mensch auch ein demütiger Diener Gottes, unterwürfig und denen ausgeliefert, die für sich das Recht herausnahmen, darüber zu richten, wer denn nun gottesfürchtig genug sei. Wenn sich die Gläubigen ein Bild von etwas machen sollten, dann von Güte und Habsucht, Hochmut und Klugheit, Gerechtigkeit und Sanftmut. Ein Leben in Rechenschaft, stets geduckt und buckelnd, dem Großen und Ganzen verpflichtet und nicht dem Individuum.

Erst mit der Renaissance, der Rückbesinnung auf das Leben und Denken in der Antike, veränderte sich die Sicht auf den Menschen wieder ins Positive. Der Mensch habe die Wahl, zu einem Tier herabzusinken oder gottgleich zu werden, schrieb Giovanni Pico della Mirandola Ende des 15. Jahrhunderts in seinem berühmt gewordenen Aufsatz über die Würde des Menschen. »Im Menschen sind bei seiner Geburt von Gottvater vielerlei Samen und Keime für jede Lebensform angelegt; welche ein jeder hegt und pflegt, die werden heranwachsen und ihre Früchte in ihm tragen. Sind es pflanzliche, wird er zur Pflanze, sind es sinnliche, zum Tier werden. Sind es Keime der Vernunft, wird er sich zu einem himmlischen Lebewesen entwickeln; sind es geistige, wird er ein Engel sein und Gottes Sohn.«

Weitere Jahrhunderte vergingen, bis ein Königsberger Gelehrter, der kaum die Stadt verließ, in seiner Stube all das bis dahin Gedachte zusammenzufassen versuchte: Platons Beschreibung der Seele als der Psyche, die alles regiere, die Ethik des Aristoteles, das

Menschenbild eines Thomas von Aquin. Immanuel Kant also setzte sich hin und überlegte, was den Menschen nun besonders auszeichne. Als ein natürliches Wesen, ein Teil der Natur, verglichen mit Pflanzen und Tieren und dem Boden erschien er ihm eher von »gemeinem Werth«. Brauchbar, aber nicht besonders.

Allerdings könne sich der Mensch anders als alle anderen Lebewesen in »sittlicher Autonomie« über seine natürlichen Triebe erheben und sich von der Moral leiten lassen. Immanuel Kant: »Nun sage ich: der Mensch, und überhaupt jedes vernünftige Wesen, existirt als Zweck an sich selbst, nicht bloß als Mittel zum beliebigen Gebrauche für diesen oder jenen Willen, sondern muß in allen seinen sowohl auf sich selbst, als auch auf andere vernünftige Wesen gerichteten Handlungen jederzeit zugleich als Zweck betrachtet werden.«

Der Mensch, »gehorsam gegenüber dem Sittengesetz«, werde so »zum Gegenstand höchster Bewunderung, die gleichsam einen heiligen Schauer über die Größe und Erhabenheit seiner wahren Bestimmung fühlen« lasse. Der Mensch, sagte Kant, habe aber die Pflicht, seine Würde, die »ihn vor allen Geschöpfen auszeichnet, auch in seiner eigenen Person niemals zu beleidigen«. Unter unserer Würde: Das gilt nicht nur für andere, die uns schlecht behandeln. Das gilt auch für uns, wenn wir nicht gut zu uns sind. »Wer sich

Unter unserer Würde: Das gilt nicht nur für andere, die uns schlecht behandeln. Das gilt auch für uns, wenn wir nicht gut zu uns sind.

zum Wurme macht«, schreibt Kant, »darf nicht darüber klagen, mit Füßen getreten zu werden.«

Kant wollte die unbedingte Achtung einer Person vor allem durch die unbedingte Achtung eines Gesetzes regeln. Ihm war klar, dass überall dort, wo Waren und Leistungen angeboten werden, auch ideelle Werte verkauft werden können, wenn sie einen Preis haben. »Im Reiche der Zwecke«, schrieb er, »hat alles entweder einen Preis, oder eine Würde. Was einen Preis hat, an dessen Stelle kann auch etwas anderes als Äquivalent gesetzt werden; was dagegen über allen Preis erhaben ist, mithin kein Äquivalent verstattet, das hat eine Würde.« Und diese Würde sei ein innerer Wert, unerreichbar, schwer zugänglich, geschützt von den Zumutungen des Lebens. Unveränderlich und für immer und ewig, weder Zufälligkeiten ausgeliefert noch einer Gewalt. Eine Eigenschaft, dem Menschen eigen und mächtig, ein Gefühl, ein Zustand, mit Worten kaum zu beschreiben, außerhalb dessen, was wir uns vorstellen können, dürfen, sollen. Etwas, das auch dann existiert, wenn wir vielleicht selbst nicht mehr daran glauben: Würde, Dignitas, Dignité, Dignidad, Dignity.

Kant goss seine Vorstellungen in eine Formel, die als kategorischer Imperativ schulbuchpflichtig wurde. »Handle nur nach derjenigen Maxime, durch die du zugleich wollen kannst, daß sie ein allgemeines Gesetz werde.« Der Mensch also solle sich nicht zu fein sein, sein Handeln an der Reaktion zu bemessen, die es bei anderen auslöst. Sich in andere hineinversetzen, um zu fühlen, wie er selbst behandelt werden möchte. Behandeln: kein schönes Wort. Also besser: wie wohl er sich fühlen würde, wenn ein anderer ihm so begegne. »Was du nicht willst, das man dir tut, das füg auch keinem anderen zu« – diese Volksweisheit wurde schließlich zum Grundgesetz eines jeden Rechtssystems.

1798, wohl auch beeinflusst durch die Weltsicht der französischen Revolutionäre, schrieb Kant dann in seinem umständlich formulierten Werk *Metaphysische Anfangsgründe der Tugendlehre*: »Ein jeder Mensch hat rechtmäßigen Anspruch von seinem Nebenmenschen, und wechselseitig ist er dazu auch gegen jeden Anderen verbunden. Die Menschheit selbst ist eine Würde; denn der Mensch kann von keinem Menschen (weder von Anderen noch sogar von sich selbst) blos als Mittel, sondern muß jederzeit sogleich als Zweck gebraucht werden, und darin besteht eben seine Würde , dadurch er sich über alle anderen Weltwesen erhebt, die nicht Menschen sind, und doch gebraucht werden können, mithin über alle Sachen erhebt. Gleichwie er also sich selbst für keinen Preis weggeben kann (welches der Pflicht der Selbstschätzung widerstreiten würde), so kann er auch nicht der eben so nothwendigen Selbstschätzung Anderer, als Menschen, entgegen handeln, d. i. er ist verbunden, die Würde der Menschheit an jedem anderen Menschen praktisch anzuerkennen, mithin ruht auf ihm eine Pflicht, die sich auf die jedem anderen Menschen nothwendig zu erzeigende Achtung bezieht.«

Wenig später und von Kant beeindruckt, versuchte der Freiheitsdichter Friedrich Schiller, die Würde des Menschen in Worte zu fassen. In seinem wohlformulierten Aufsatz »Über Anmuth und Würde«, bezeichnete Goethes Freund und Dichterfürst die Würde als »Ausdruck einer erhabenen Gesinnung«. Es sollte allerdings dauern, bis diese so benannte erhabene Gesinnung auch rechtsgültig wurde und damit nicht nur feierliche Mutmaßung blieb. Fortan kümmerten sich Politiker, nicht Philosophen, um die größte Formel des Menschseins.

Nach Jahrhunderten der Folter und Unterdrückung, Tortur und Sklaverei, Erniedrigung und Verachtung, zwei Weltkriegen und nationalsozialistischem Terror waren es die Überlebenden, die sich einen neuen Begriff von Würde machten. »Ich wusste«, sagt zum Beispiel der Auschwitz-Überlebende Jehuda Bacon, »man kann mich zu Asche machen. Aber ich wusste auch, dass es etwas in mir gibt, das nicht sterben kann.« Das heißt, es gibt etwas Überzeitliches, Zeitloses, etwas Göttliches, das man nicht vernichten kann.

Dass der Mensch innerlich stärker sein kann als sein äußerliches Schicksal – diese Erfahrung hatte auch der Wiener Psychologe Viktor E. Frankl im Konzentrationslager gemacht. Dass es Menschen möglich ist, sogar dort ihre Würde zu bewahren, wo das

»Ich wusste«, sagt der Auschwitz-Überlebende Jehuda Bacon, »man kann mich zu Asche machen. Aber ich wusste auch, dass es etwas in mir gibt, das nicht sterben kann.«

Grauen regiert, hatte Frankl selbst erlebt und war zu der Überzeugung gelangt, dass »die geistige Freiheit des Menschen, die man ihm bis zum letzten Atemzug nicht nehmen kann, ihn auch noch bis zum letzten Atemzug Gelegenheit finden lässt, sein Leben sinnvoll zu gestalten«.

Also versuchten nach der Apokalypse im 20. Jahrhundert Männer und Frauen, die den Glauben an das Gute auch im Bösen nicht verloren hatten, neue Worte zu finden für menschliche Größe. »Wir, die Völker der Vereinten Nationen – «, formulierten sie kurz nach Kriegsende bei ihrer Zusammenkunft in San Francisco im Juni 1945 in der Präambel zur Charta der Vereinten Nationen, »fest entschlossen, künftige Geschlechter vor der Geißel des Krieges zu bewahren, die zweimal zu unseren Lebzeiten unsagbares Leid über die Menschheit gebracht hat, unseren Glauben an die Grundrechte des Menschen, an Würde und Wert der menschlichen Persönlichkeit, an die Gleichberechtigung von Mann und Frau sowie von allen Nationen, ob groß oder klein, erneut zu bekräftigen, Bedingungen zu schaffen, unter denen Gerechtigkeit und die Achtung vor den Verpflichtungen aus Verträgen und anderen Quellen des Völkerrechts gewahrt werden können, den sozialen Fortschritt und einen besseren Lebensstandard in größerer Freiheit zu fördern, und für diese Zwecke Duldsamkeit zu üben und als gute Nachbarn in Frieden miteinander zu leben, unsere Kräfte zu vereinen, um den Weltfrieden und die internationale

Sicherheit zu wahren, Grundsätze anzunehmen und Verfahren einzuführen, die gewährleisten, daß Waffengewalt nur noch im gemeinsamen Interesse angewendet wird, und internationale Einrichtungen in Anspruch zu nehmen, um den wirtschaftlichen und sozialen Fortschritt aller Völker zu fördern – haben beschlossen, in unserem Bemühen um die Erreichung dieser Ziele zusammenzuwirken.«

Die drei Jahre später von der Generalversammlung der Vereinten Nationen verabschiedete Erklärung der Menschenrechte war dann ein weiterer großer und nicht nur symbolischer Akt. Unter Vorsitz von Eleanor Roosevelt, der Witwe des vormaligen amerikanischen Präsidenten, kamen in Genf aus allen Teilen der Welt Menschen guten Willens zusammen. Der Weltenbrand und die erlebten Erniedrigungen durch eine nationalsozialistische Schreckensherrschaft verliehen ihren Empfindungen feierliche Worte. »Alle Menschen sind frei und gleich an Würde und Rechten geboren. Sie sind mit Vernunft und Gewissen begabt und sollen einander im Geist der Brüderlichkeit begegnen«, heißt es im ersten Artikel. In Artikel 2 steht: »Jeder hat Anspruch auf die in dieser Erklärung verkündeten Rechte und Freiheiten ohne irgendeinen Unterschied, etwa nach Rasse, Hautfarbe, Geschlecht, Sprache, Religion, politischer oder sonstiger Überzeugung, nationaler oder sozialer Herkunft, Vermögen, Geburt oder sonstigem

Alle Menschen sind frei und gleich an Würde und Rechten geboren.

Stand. Des Weiteren darf kein Unterschied gemacht werden auf Grund der politischen, rechtlichen oder internationalen Stellung des Landes oder Gebiets, dem eine Person angehört, gleichgültig ob dieses unabhängig ist, unter Treuhandschaft steht, keine Selbstregierung besitzt oder sonst in seiner Souveränität eingeschränkt ist.«

Die beiden wohl wichtigsten Autoren der Erklärung, die ohne Gegenstimme verabschiedet wurde, waren mit Charles Malik ein christlicher Araber aus dem Libanon und mit Peng-Chun Chang ein chinesischer Philosoph und Diplomat, der Konfuzius verehrte. Und die Erklärung selbst war somit auch eine Verbeugung vor allen Weltreligionen und Weisheitslehren, welche die Heiligkeit des Menschen, die Liebe und die Achtung vor sich und dem anderen predigen.

Bevor 1949 im deutschen Grundgesetz im ersten Artikel die Würde des Menschen als unantastbar bezeichnet wurde, hatten bereits die Parlamentarier der Bundesländer der Würde einen Verfassungsrang gegeben. Stellvertretend sei hier die 1947 verabschiedete Präambel der Verfassung Bremens genannt: »Erschüttert von der Vernichtung, die die autoritäre Regierung der Nationalsozialisten unter Mißachtung der persönlichen Freiheit und der Würde des Menschen in der jahrhundertealten Freien Hansestadt Bremen verursacht hat, sind die Bürger dieses Landes willens, eine Ordnung des gesellschaftlichen Lebens zu schaffen, in der die soziale Gerechtigkeit, die Menschlichkeit und der Friede gepflegt werden, in der der wirtschaftlich Schwache vor Ausbeutung geschützt und allen Arbeitswilligen ein menschenwürdiges Dasein gesichert wird.«

Heute ist die Menschenwürde im juristischen Sinn ein sogenanntes »Leistungsrecht« und durch eine sogenannte Ewigkeitsgarantie in Artikel 79 des Grundgesetzes gesichert: Jeder hat einen Anspruch auf Achtung, »unabhängig von seinen Eigenschaften, seinem körperlichen oder geistigen Zustand, seinen Leistungen oder sozialem Status«. Artikel 1 des Grundgesetzes schützt somit vor Erniedrigung, Brandmarkung, Verfolgung, Ächtung und ähnlichen Handlungen durch Dritte oder den Staat selbst.

In vielen Grundsatzurteilen haben die Richter des Bundesverfassungsgerichts immer wieder betont, dass der Mensch sich »in Freiheit selbst bestimmen und entfalten« dürfe, »aber nicht als isoliertes und selbstherrliches, sondern als gemeinschaftsbezogenes Individuum«.

Die Vorstellung von der Würde des Menschen wurde so zum Wegweiser durchs Leben, zu Erinnerung und Stütze. »Die Würde des Menschen ist unantastbar. Sie zu achten und zu schützen ist Verpflichtung aller staatlichen Gewalt.«

Dieser etwas hastige Ritt durch die Geschichte des sogenannten Abendlandes auf der Suche nach den geistigen Wurzeln unseres heutigen Würdebegriffs macht deutlich, dass es in jeder Epoche Personen gab, die nach einer Antwort auf die sehr grundsätzliche Frage suchten, was es bedeutet, ein Mensch zu sein. Die jeweils entwickelten Vorstellungen, worauf es dabei ganz besonders ankommt, sind aber nicht nur Ausdruck der in einer bestimmten Epoche herausgebildeten sozialen Ordnungsstrukturen. Sie tragen auch zur Aufrechterhaltung dieser historisch entstandenen Strukturen bei, indem sie all jenen Menschen, die das gesellschaftliche und kulturelle Leben in einer bestimmten Epoche bestimmen, eine entsprechende Orientierung bieten. Da es aber in jeder Gesellschaft immer auch Entwicklungen gab, die ihre bis dahin herausgeformten sozialen Ordnungsstrukturen in Frage stellten, begannen sich auch diese alten, das bisherige Selbstverständnis der Menschen bestimmenden Vorstellungen zu verändern. Was Menschsein bedeutet, wurde nun nicht nur anders als bisher betrachtet. Die so entstandene neue Vorstellung, worauf es im Leben ankommt, wurde auch zum Leitbild all jener Personen, die diese gesellschaftlichen Veränderungsprozesse maßgeblich bestimmten. So war es schon immer, und daran hat sich bis heute wenig geändert. Verbreiten konnten sich diese neuen Vorstellungen deshalb auch nur dann, wenn sie »in die Zeit passten«. Dazu mussten die in solchen Gesellschaften in Gang gekommenen Entwicklungen zu sozialen Verwerfungen, Verunsicherungen und Problemen geführt haben, für deren Überwindung dieses neue Selbstverständnis geeignet schien.

Als die Vorstellung der Würde des Menschen entstand und sich zu verbreiten begann, begann das Zeitalter der Aufklärung, der Emanzipation des Bürgertums von den Machtansprüchen und Dogmen der damaligen Herrscher und Autoritäten. Es war der Beginn des Siegeszugs wissenschaftlicher und technologischer Innovationen, die Befreiung aus den mittelalterlichen Fesseln von Kirche und Feudaladel. Es war der Anfang einer Entwicklung, die althergebrachte Ordnungsstrukturen auflöste und vieles in Gang setzte, was bis dahin blockiert worden war. Die alte Ordnung, die Machtapparate der Könige und Päpste, begann sich aufzulösen, aber ein neues, Ordnung stiftendes Element war nicht in Sicht. Es musste also etwas gefunden werden, das den nun einigermaßen befreiten Bürgern einen neuen Maßstab für ihr Denken und Handeln bot: Sie brauchten ein neues Selbstverständnis, das es ihnen ermöglichte, nun selbst die Verantwortung für ihre Lebensgestaltung und für ein geordnetes Zusammenleben zu übernehmen.

Dieses neue Selbstverständnis, diesen Kompass, sahen diejenigen, die die Entwicklungen damals mit Sorge verfolgten, in der Vorstellung von der Würde des Menschen, die es grundsätzlich und immer zu wahren gelte. Jahrhundertelang waren die Menschen von übermächtigen Autoritäten dazu gezwungen worden, ihr Handeln an den von diesen Machthabern bestimmten Vorgaben auszurichten. Jetzt sollte ihnen eine eigene Vorstellung, nämlich die ihrer eigenen Würde, als Richtschnur für die Gestaltung ihres Lebens und des Zusammenlebens dienen.

So richtig geklappt hat das damals – und im Grunde genommen bis heute – noch nicht. Aber es war eine wegweisende Idee. Dass eine nicht autoritär geführte demokratische Gesellschaft nur dann entwickelt werden und Bestand haben kann, wenn deren Bürger über eine innere Orientierung verfügen, an der sie ihr Handeln, ihre Lebensführung und ihr Zusammenleben mit anderen ausrichten, haben auch die Verfasser aller demokratischen Verfassungen und Deklarationen sehr klar erkannt. Deshalb wurde die Wahrung der Menschenwürde in den Mittelpunkt aller demokratischen Gesetzgebungen gestellt. Die Vorstellung von der Würde, die jeder Mensch besitzt, ist also keine Idee, die sich irgendwelche klugen Leute ausgedacht haben. Sie ist die entscheidende Voraussetzung für den Aufbau und den Fortbestand jeder demokratischen Gesellschaft.

Die Vorstellung von der Würde, die jeder Mensch besitzt, ist die entscheidende Voraussetzung jeder demokratischen Gesellschaft.

In seiner Tragweite wirklich verstehbar wird das aber erst dann, wenn man den Bogen noch etwas weiter spannt: Spätestens seit ihrer Sesshaftwerdung und der Herausbildung von Ackerbau und Viehzucht vor mehr als zehntausend Jahren waren unsere Vorfahren gezwungen, eine ihr Zusammenleben ordnende hierarchische Gesellschaftsstruktur zu entwickeln.

Ohne Anführer, die allen anderen sagten, was diese zu tun und zu lassen hatten – und ohne klare Zuweisung und bereitwillige Übernahme der jeweiligen, hierarchisch geordneten Rollen durch ihre Mitglieder –, hätte keine dieser frühen Gesellschaften ihre Besitztümer und ihren Fortbestand wahren können. Als besonders vorteilhaft erwies sich diese hierarchische Ordnung bei kriegerischen Auseinandersetzungen. Weil sie aber auch immer die Möglichkeit eines »Aufstiegs« einzelner, besonders erfolgreicher, kenntnisreicher oder erfinderischer Mitglieder von unteren auf höhere Positionen bot, breitete sich dieses hierarchische Ordnungsprinzip allmählich auch in allen anderen Bereichen des Zusammenlebens in diesen zunehmend größer werdenden Gesellschaften aus.

Überall, in der Produktion, im Handel, im Finanzwesen, in Familien und Sippen, sogar in Kirchen und Klöstern gab es Personen, die anderen vorschrieben, was sie zu machen hatten. Und überall in diesen Hierarchien strebten die Untergebenen mit all ihrer Kraft danach, in höhere Positionen aufzusteigen. Möglich war das durch die Aneignung von besonders viel Wissen und Können, aber vor allem durch neue Entdeckungen und Erfindungen, die sie machten, also durch all das, was wir heute als wissenschaftlich-technische Innovationen bezeichnen. Der Wettbewerb um entsprechende Aufstiegschancen durch die Erbringung herausragender Leistungen führte zwangsläufig dazu, dass die anfangs noch recht gut überschaubare Welt, in der die Menschen lebten, sich enorm ausweitete und immer komplexer wurde.

Als vorläufiges Ergebnis dieses sich selbst verstärkenden Entwicklungsprozesses entstand die hoch technisierte, digitalisierte und globalisierte Welt, wie wir sie heute kennen. Und in dieser hoch komplexen, untrennbar vernetzten und in allen Bereichen voneinander abhängig gewordenen Welt ist nun ein Problem entstanden, das es in der gesamten Menschheitsgeschichte noch nie gegeben hatte: Die alte hierarchische Ordnungsstruktur erweist sich als grundsätzlich ungeeignet, um die Stabilität dieser hoch entwickelten heutigen Gesellschaften zu sichern, geschweige denn ihre künftige Entwicklung zu steuern. Sie hat ihre Orientierung bietende und Ordnung stiftende Kraft durch genau das verloren, was sie selbst erzeugte: einen enormen Zuwachs an Komplexität.

Weiter geht es nun nicht durch »noch mehr vom Alten«, also den Rückgriff auf die bisher bewährte, hierarchische Ordnungsstruktur. Weiter geht es aber auch nicht ohne irgendeine Orientierung bietende Struktur. In diesem Dilemma sind unsere gegenwärtigen hoch entwickelten Gesellschaften gefangen. Daraus befreien können sie sich nur, wenn es ihnen gelingt, ihren Mitgliedern die Herausbildung eines individuellen, aber für alle gleichermaßen gültigen und verbindlichen Ordnungsprinzips zu ermöglichen. Sie alle bräuchten also so etwas wie einen inneren Kompass, dessen Nadel in die gleiche

Richtung weist: dorthin, wo sie ihr Leben und ihr Zusammenleben im Bewusstsein ihrer Würde als Menschen gestalten.

Die allmähliche Herausbildung einer Vorstellung und eines Bewusstseins menschlicher Würde ist also kein Zufall, sondern zwangsläufige Folge der von uns Menschen geschaffenen, nun zunehmend komplexer und unüberschaubarer werdenden Lebenswelt. Jede Zivilisation erreicht irgendwann ein Stadium ihrer Entwicklung, wo es so wie bisher nicht mehr weitergeht. Die dann erforderliche Lösung für dieses Problem ist aber in ihr – und damit in den Menschen, die diese Entwicklung über Generationen hinweg durchlaufen – von Anfang an als biologische Möglichkeit, als Potential angelegt. In unserer eigenen Beschaffenheit, oder präziser: in der inneren Organisation und der Arbeitsweise des menschlichen Gehirns muss es also eine Besonderheit geben, die es nicht nur möglich, sondern irgendwann sogar zwingend erforderlich macht, dass wir als Menschen eine Vorstellung unserer eigenen Würde entwickeln. Worin diese Besonderheit besteht, wird im folgenden Kapitel beschrieben. Sie hat etwas mit der enormen Offenheit und der sich daraus ergebenden lebenslangen Formbarkeit des menschlichen Gehirns zu tun.

Weshalb brauchen wir
eine Vorstellung
von unserer Würde?

ES GIBT WOHL keine wissenschaftliche Entdeckung, deren Bedeutung für unser Leben und unser Zusammenleben so lange und so sehr unterschätzt worden ist, wie die nun schon vor einem halben Jahrhundert nachgewiesene Plastizität des menschlichen Gehirns. Sie bildet die Grundlage unserer enormen und bis ins hohe Alter fortbestehenden Lernfähigkeit. Diesem neuroplastischen Potential verdanken wir alles, was wir Menschen bisher geschaffen haben. Auch das, was wir im Verlauf unserer bisherigen Entwicklungsgeschichte anderen Menschen und der Vielzahl anderer Lebewesen auf diesem Planeten angetan haben. Unsere Lernfähigkeit und die aus ihr gespeiste Entdeckerfreude und Gestaltungslust bilden die Grundlage für das, was aus uns geworden ist.

Dabei war die Herausbildung lernfähiger Gehirne im Verlauf der stammesgeschichtlichen Entwicklung der Tiere kein Zufall. In einer immer vielfältiger werdenden und sich ständig verändernden Lebenswelt wurde die Lockerung der ursprünglichen noch sehr starren genetischen Programme zur Steuerung der Hirnentwicklung und damit des Verhaltens zu einem Selektionsvorteil. Mit einem Gehirn, dessen neuronale Vernetzungen sich auch noch nach der Geburt in Abhängigkeit von den jeweiligen Lebensbedingungen und den dort gemachten Erfahrungen herausbildeten, wurde es möglich, die bis dahin starren artspezifischen Verhaltensweisen an die jeweiligen konkreten Veränderungen des Lebensraums anzupassen. Die Herausbildung lernfähiger Gehirne war also die zwangsläufig zu findende Lösung, um in einer sich ständig verändernden Welt überleben zu können. Deshalb sind zumindest in gewissem Umfang lernfähige Gehirne im Verlauf der stammesgeschichtlichen Entwicklung der Tiere mehrfach und unabhängig voneinander entstanden. Am weitesten entwickelt ist diese Lernfähigkeit bei den Primaten, und zeitlebens erhalten bleibt sie schließlich bei uns Menschen. Aufgrund unserer enormen Lernfähigkeit sind wir in der Lage, neu erworbenes Wissen und Können nicht nur an nachfolgende Generationen weiterzugeben. Unsere soziale Organisation in Form individualisierter Gemeinschaften ermöglicht auch eine enorm effektive horizontale Ausbreitung individuell erworbener Kenntnisse und Fähigkeiten unter den Mitgliedern dieser Gemeinschaften. Anfangs geschah das noch durch Vormachen und Weitersagen, später wurde es aufgeschrieben und gedruckt, über Printmedien, Hörfunk und TV-Sender verbreitet, heute nutzen wir dafür immer häufiger das World Wide Web.

Aber nicht nur neu erworbenes Wissen und Können, neue Erkenntnisse und Erfindungen wurden und werden in menschlichen Gemeinschaften vertikal weitergegeben und horizontal verbreitet. Auch am eigenen Leib gemachte Erfahrungen und die aus diesen Erfahrungen abgeleiteten Überzeugungen, Einstellungen und Vorstellungen davon, worauf es im Leben ankommt und was unser Menschsein ausmacht, breiten sich auf diese Weise in menschlichen Gemeinschaften aus. Den Mitgliedern dieser Gemeinschaften bieten diese miteinander geteilten Überzeugungen, Einstellungen und Vorstellungen eine gemeinsame Orientierung, die ihnen hilft, ihre Handlungen, ihr Verhalten, ihr Selbstverständnis und ihr Zusammenleben an diesen inneren Bildern auszurichten.

Anfangs waren die Gemeinschaften noch relativ klein, ihre Mitglieder kannten einander persönlich und fühlten sich durch ein emotionales Band von Zugehörigkeit miteinander verbunden. Die von solchen Gemeinschaften entwickelten Vorstellungen dienten dann auch primär der Stärkung des inneren Zusammenhalts, der Abwehr gemeinsamer Bedrohungen durch äußere Feinde, durch Not und Elend, Naturgewalten und Kriege. Überliefert wurden sie in Form von Mythen und Heldengeschichten, gemeinsam vollzogenen Ritualen, miteinander geteilten Werten, Regeln und Gesetzen. Mit der Einführung und Verbreitung von Massenmedien wurde es möglich, die von besonders erfolgreichen

Gemeinschaften entwickelten Vorstellungen zunehmend effizienter auch an die Mitglieder benachbarter und schließlich sogar weit voneinander entfernt lebender Gemeinschaften aus anderen Kulturkreisen weiterzugeben. Doch inzwischen wird auch immer deutlicher, welche grotesken und oft genug auch äußerst gefährlichen Entwicklungen möglich werden, wenn Menschen beginnen, ihre jeweiligen Vorstellungen von sich selbst und von dem, was ihnen besonders wichtig erscheint, für allgemeingültiger zu halten, als sie das sind.

Bis heute ist es uns nicht gelungen, eine für alle Menschen gleichermaßen gültige und von allen Menschen akzeptierte Vorstellung davon zu entwickeln, was unser Menschsein ausmacht. Als »Irrläufer der Evolution« hat uns Arthur Köstler deshalb nach den Schrecken der beiden Weltkriege im letzten Jahrhundert bezeichnet. In der Zeit davor hielten wir uns im christlichen Abendland ein paar Jahrhunderte lang allerdings auch schon einmal für die Krone der Schöpfung. Und danach waren wir eine Zeit lang sogar bereit, der Argumentation von Molekularbiologen zu folgen, die den Menschen als eine Art Container betrachteten, den sich egoistische Gene zum Zweck ihrer maximalen Verbreitung zusammenbauen. Heute halten uns manch umweltbewusste Zeitgenossen für eine Fehlentwicklung der Evolution des Lebendigen, an der unser Planet leidet und die dabei ist, ihn zu ruinieren.

So recht scheinen wir jedenfalls bis heute allesamt nicht zu wissen, wer wir sind. Suchende bestenfalls, aber als solche laufen wir eben auch ständig Gefahr, uns zu verirren. Das unterscheidet uns von den Tieren. Bei denen sind entweder einzelne körperliche Merkmale so spezialisiert herausgebildet, dass sie gar keine andere Möglichkeit haben, als so zu leben, wie es diese besondere Beschaffenheit ihres Körpers vorgibt: als Forelle im Bach, als Maulwurf unter der Erde oder als Adler in der Luft. Bei manchen hat sich auch ein einzelner Bereich der sinnlichen Wahrnehmung so speziell entwickelt, dass alles, was in ihrem Gehirn verarbeitet wird und ihr Verhalten bestimmt, von diesem spezialisierten Sinnessystem ausgerichtet und dominiert wird. Zecken beispielsweise sehen nichts und hören nichts, aber vom Geruch von Milchsäure werden sie so unwiderstehlich angezogen, dass sie automatisch dorthin krabbeln, wo es danach riecht. So finden sie dann das Milchsäure ausdünstende Säugetier, dessen Blut sie aufsaugen. Andere Tiere können etwas nur dann sehen, wenn es sich bewegt. Mit diesem speziellen Sehsinn ausgerüstet, fangen die Frösche ihre Fliegen. Wieder andere Tiere können auch extrem feine Töne im Ultraschallbereich hören. Indem sie solche Töne selbst erzeugen und sich an deren Echo orientieren, erkennen die Fledermäuse ihre Umgebung sogar im rasanten Flug und bei völliger

So recht scheinen wir jedenfalls bis heute allesamt nicht zu wissen, wer wir sind.

Dunkelheit noch optimal. Und dann gibt es noch eine ganze Menge Tiere, deren Verhalten so stark durch genetisch programmierte, angeborene Verschaltungsmuster im Gehirn gesteuert wird, dass sie zwar nicht lange überlegen müssen, aber später im Leben auch nicht mehr lernen können, was sie wann zu tun haben. Die Kreuzspinnen weben deshalb ihre Netze ohne jede Anleitung alle nach dem gleichen Grundmuster. Einem Kuckuck braucht auch niemand zu zeigen, wie er »Kuckuck« zu rufen hat. Heringe schwimmen automatisch immer im Schwarm und alle Krokodile liegen gleichermaßen auf der Lauer und schnappen zu, wenn sich etwas Fressbares nähert.

Aber schon bei einigen Vögeln und erst recht bei den Säugetieren beginnen sich diese fest im Hirn verankerten Verhaltensprogramme immer stärker aufzulösen. Zumindest eine gewisse Zeit nach der Geburt bleiben deren Gehirne noch formbar. Dadurch können die Jungen unter dem Schutz und mit der Anleitung ihrer Eltern lernen, worauf es im Leben ankommt. Und was sie während dieser Phase gelernt haben und was in Form spezifischer Vernetzungsmuster der Nervenzellen in ihren Gehirnen verankert worden ist, bestimmt dann als frühe Prägung ihr späteres Verhalten. So lernt beispielsweise ein kleines Wildschwein allmählich immer besser, sich später wie ein richtiges erwachsenes Wildschwein zu verhalten. Wenn es allerdings bei Wildschweineltern in

Berlin aufwächst, wird es ein Berliner Wildschwein. Wenn es aber gar von einer Haussau gesäugt und mit den anderen Hausferkeln in einem Schweinestall groß wird, fehlt ihm diese anfängliche, Orientierung bietende Prägung als Wildschwein. Es verhält sich dann eher so wie ein Hausschwein. In der Wildnis findet es sich dann kaum mehr zurecht. Von richtigen Wildschweinen wird es nicht in deren Rudel (die Rotte in der Jägersprache) aufgenommen, und mit der Partnersuche und der Fortpflanzung klappt es dann meist auch nicht mehr.

Anhand des Beispiels vom Wildschwein lässt sich also schon recht gut verdeutlichen, welche zweischneidigen Auswirkungen der Besitz eines lernfähigen Gehirns haben kann. Mit einem fest verdrahteten Gehirn hätten Wildschweine keine Chance gehabt, sich eine Großstadt als Lebensraum zu erschließen oder gar in einem Stall ihr Auskommen zu finden. Aber um mit ihrem lernfähigen Gehirn zu einem richtigen Wildschwein zu werden, brauchen die Ferkel eben auch eine »wildschweingemäße« Lebenswelt. Die würden sie sich in der Wildnis auch suchen, aber wenn die von uns Menschen gestaltet worden ist, werden die ursprünglichen Wildschweine in einer städtischen Lebenswelt zu immer besseren Großstadtschweinen und in einem Stall sogar zu Stallschweinen. Sie sehen dann zwar immer noch so aus wie Wildschweine, aber ihr Gehirn

Wer oder was hat uns zu dem gemacht, was wir sind?

77

hat sich anhand der in der Stadt oder im Stall vorgefundenen Lebensbedingungen strukturiert, und deshalb verhalten sie sich dann auch nicht mehr so wie Wildschweine. Wenn sie Menschen wären und sich fragen könnten, wer oder was sie nun auf diese Weise geworden sind, fiele ihnen eine Antwort wahrscheinlich ebenso schwer wie uns. Wären sie in der Lage zu verstehen, was hier mit ihnen passiert ist, würden sie wohl antworten: »Wir sind das geworden, was wir in unserer von Menschen nach deren Vorstellungen geschaffenen Lebenswelt werden mussten.« In noch viel stärkerem Maß gilt das für alle nach unseren Vorstellungen gezüchteten und gehaltenen Haustiere. Sie alle sind von uns Menschen nach unseren jeweiligen Vorstellungen gestaltete Lebewesen. Und wir selbst? Wer oder was hat uns zu dem gemacht, was wir heute sind?

Unser menschliches Gehirn ist noch viel formbarer als das der Tiere. Nicht nur während der Phase der Hirnentwicklung, sondern zeitlebens können dort neue Erfahrungen in Form neuronaler Vernetzungen und Verschaltungsmuster verankert werden. Und im Verlauf unserer bisherigen Entwicklung haben wir Menschen überall auf der Welt gelernt, unsere eigene Lebenswelt immer besser nach unseren eigenen Vorstellungen zu gestalten. Zwangsläufig hat sich unser enorm plastisches Gehirn dabei so strukturiert, dass wir mit diesen erfahrungsabhängig herausgeformten und stabilisierten Verschaltungen in der Lage waren, uns möglichst gut in dieser von Menschen gestalteten

Lebenswelt zurechtzufinden. Und wenn sich diese später doch noch als irgendwie unzulänglich erwies, entwickelten unsere Vorfahren entsprechende Vorstellungen davon, wie es besser gehen könnte, und versuchten diese dann auch umzusetzen.

Inzwischen sind wir im Zeitalter der Globalisierung und Digitalisierung angekommen, und die in der westlichen Welt entwickelten Vorstellungen davon, worauf es im Leben ankommt, beginnen sich weltweit auszubreiten. Sehr viele Menschen aus sogenannten Entwicklungsländern würden nun gern auch so leben wie wir. Sie orientieren sich nicht nur an unserem Lebensstil, sondern folgen auch den unserem Wirtschaftssystem zugrunde liegenden Vorstellungen. Sie sind, ebenso wie wir, inzwischen fest davon überzeugt, dass es ohne Wettbewerb keine Weiterentwicklung geben könne, und sind bereit, ihre Interessen ebenso rücksichtslos wie wir gegenüber anderen und auf Kosten der Natur durchzusetzen. Auch sie folgen der Ideologie eines unbegrenzten Wachstums und glauben an die Segnungen wissenschaftlich-technischer Innovationen. Und es fällt ihnen ebenso schwer wie uns, ihren Blick dafür zu öffnen und zu erkennen, dass wir mit eben diesen Vorstellungen dabei sind, unseren kleinen blauen Planeten zu ruinieren. Selbst wenn wir in der Lage wären, einen anderen Planeten zu finden und zu besiedeln, wäre auch der, wenn wir mit den gleichen Vorstellungen so weitermachten wie bisher, sehr bald genauso unbewohnbar wie unsere Erde. Was wir also brauchen, ist nicht ein neuer Lebensraum, um unsere gegenwärtigen Vorstellungen auch dort weiter wie bisher verfolgen zu können, sondern ein tieferes Verständnis davon, was uns als Menschen ausmacht.

Doch wie können wir zu einem solchen Verständnis gelangen? Selbst mit unserem enorm lernfähigen Gehirn kommen wir bei der Suche nach einer Antwort auf diese Frage nicht weiter, solange wir uns nur an dem orientieren, was aus uns innerhalb der von uns selbst nach unseren Vorstellungen gestalteten Lebenswelt geworden ist. Jeder einzelne Mensch wie auch jede menschliche Gemeinschaft hätte durchaus auch andere Vorstellungen verfolgen und sich eine andere Lebenswelt schaffen können. Genau das haben Menschen zu allen Zeiten in allen Regionen getan, und genau deshalb gibt es so viele unterschiedliche Vorstellungen davon, worauf es im Leben ankommt und was den Menschen ausmacht. Wer sich aber bestimmte Vorstellungen zu eigen gemacht hat, ihnen gefolgt ist und seine eigene Entwicklung und sein eigenes Selbstverständnis an diesen Vorstellungen ausgerichtet hat, wird die Begrenztheit seiner eigenen Betrachtungsweise, seines Selbstbildes und seines Lebensentwurfs nur schwer erkennen können. Als Einzelner nicht und noch schwerer als Mitglied einer Gemeinschaft Gleichgesinnter.

Eine Möglichkeit, um die Beschränktheit der eigenen Vorstellungen zu überwinden, bietet das Scheitern ...

Eine Möglichkeit, um die Beschränktheit der eigenen Vorstellungen zu überwinden, bietet das Scheitern. Wenn der Schmerz über den völligen Zusammenbruch des bisher verfolgten Lebensentwurfs und des dazugehörigen Selbstbildes hinreichend tief geht, kann es bisweilen zu einer Blicköffnung kommen. Dann wird es möglich, die Begrenztheit der bisher für zutreffend und allgemeingültig gehaltenen Vorstellungen und Überzeugungen zu erkennen und nach einer neuen, umfassenderen und tragfähigeren Orientierung zu suchen. Meist jedoch hält sich dieser Schmerz in Grenzen, oft wird er nicht zugelassen oder verdrängt. Selten ist auch der Zusammenbruch der bis dahin verfolgten Vorstellungen tatsächlich umfassend und erschütternd genug. Solange es noch so aussieht, als könnten sie so weitermachen wie bisher, versuchen die meisten Menschen ihre bis dahin verfolgten Vorstellungen dann nur noch effektiver und noch konsequenter zu verfolgen und umzusetzen.

... oder die Begegnung mit anderen Menschen.

Eine zweite, deutlich effektivere und nachhaltigere Möglichkeit zur Überwindung der Begrenztheit der eigenen Vorstellungswelt ergibt sich aus der Begegnung mit anderen Menschen und deren fremdartigen, von den eigenen Überzeugungen abweichenden Vorstellungen. Solche Begegnungen öffnen und relativieren die eigenen Selbst- und Weltbilder.

Beide Erfahrungen, die des schmerzhaften Scheiterns bei der Verfolgung seiner eigenen Vorstellungen wie auch das Infragestellen der eigenen Ideen und Konzepte durch die Begegnung mit anderen Menschen und deren Vorstellungen ziehen sich wie ein roter Faden durch die gesamte Menschheitsgeschichte. Spätestens seit dem letzten Jahrhundert zeichnet sich aber ab, dass sogar totalitäre Herrschaftssysteme längerfristig außerstande sind, ihre jeweiligen Vorstellungen auf Kosten anderer durchzusetzen. Selbst die grausamen Versuche, die von solchen Gemeinschaften entwickelten Selbst- und Weltbilder durch Kriege und die Unterwerfung Andersdenkender aufrechtzuerhalten, sind letztlich immer wieder gescheitert. Die Begegnung von Menschen und der Austausch ihrer unterschiedlichen Vorstellungen lassen sich offenbar niemals dauerhaft unterdrücken. So lehrt uns unsere eigene Erfahrung, dass alle lokal und historisch entstandenen Selbst- und Weltbilder, die von Menschen bisher entwickelt worden sind, in ähnlicher Weise wie die aus unterschiedlichen Quellen gespeisten Bäche und Flüsse eines Kontinents über kurz oder lang zusammenfließen, um in einem einzigen großen Ozean zu münden.

Noch nie zuvor war dieses die gesamte Menschheitsgeschichte durchziehende Phänomen so offenkundig erkennbar wie jetzt, zu Beginn des 21. Jahrhunderts. Erstmals eröffnet sich damit eine Perspektive, die unvermeidbar zu der entscheidenden Frage führt, was uns Menschen – trotz unserer unterschiedlichen Herkunft, Erfahrungen und historischen Eingebundenheiten – miteinander verbindet. Auch das kann nur eine von Menschen entwickelte Vorstellung sein, aber eine, die alle Menschen nicht nur trotz, sondern aufgrund ihrer Unterschiedlichkeit miteinander teilen. Keine Ideologie, keine Religion, keine ethische oder moralische Wertvorstellung ist dafür geeignet. Die einzige, alle Menschen in all ihrer Verschiedenheit verbindende gemeinsame Vorstellung kann nur die von ihnen selbst gemachte Erfahrung ihrer eigenen Würde als Menschen zum Ausdruck bringen. Das zutiefst Menschliche in uns selbst zu entdecken wird somit zur wichtigsten Aufgabe im 21. Jahrhundert.

Das zutiefst Menschliche in uns zu entdecken wird zur wichtigsten Aufgabe im 21. Jahrhundert.

Wie gut, dass es dafür nicht nur wegweisende Erkenntnisse und Belege aus den Geisteswissenschaften, sondern inzwischen eben auch aus naturwissenschaftlicher Perspektive gibt.

Die für unser eigenes Selbstverständnis wichtigste Erkenntnis lautet:

Wir Menschen sind soziale Wesen. Aber wir sind weder Herdentiere noch bilden wir Schwärme wie Heuschrecken, Fische oder Vögel. Und menschliche Gemeinschaften sind auch völlig anders organisiert als die sozialen Gebilde staatenbildender Insekten oder Nacktmulle. Menschliche Gemeinschaften sind immer individualisierte Gemeinschaften, und diese

Art unserer sozialen Organisation haben wir offenbar schon von Anfang an von unseren äffischen Vorfahren übernommen. Sie ist das Herausstellungsmerkmal der Primaten. Um solche Gemeinschaften herausbilden zu können, bedarf es nicht nur eines hinreichend komplexen, möglichst lange lernfähigen Gehirns. Es bedarf auch der Fähigkeit zur Fokussierung der Aufmerksamkeit aller Mitglieder einer solchen Gemeinschaft auf ein von allen wahrgenommenes Geschehen. Gemeint ist damit aber nicht nur die gemeinsame Ausrichtung der Wahrnehmungen auf besonders auffällige oder gefährliche Veränderungen in der äußeren Welt der betreffenden Gemeinschaften. Das ist banal, das können alle sozial organisierten Tiere. Meist nutzen sie dafür spezifische Signalmuster in Form bestimmter Verhaltensweisen, Warnrufe oder Duftstoffe. Das können die Mitglieder individualisierter Primatengemeinschaften auch. Aber sie richten darüber hinaus ihre Aufmerksamkeit ebenso intensiv auch auf all das, was einzelne Mitglieder ihrer Gemeinschaft einfach nur anders als alle anderen machen. So etwas finden sie alle spannend. Da schauen sie alle hin. Und wenn sich einer oder eine von ihnen etwas besonders Schlaues ausgedacht hat, es den anderen vormacht, und die es ebenfalls interessant, hilfreich oder attraktiv finden, machen es alle anderen dann meist recht schnell nach. So funktioniert soziales Lernen, und so breitet sich das von einzelnen Mitgliedern erworbene Wissen und Können in solchen individualisierten Gemeinschaften aus.

Und es ist auch nicht allzu überraschend, dass diese Art der inneren Organisation einer Gemeinschaft sehr gut geeignet ist, um die beiden Grundbedürfnisse von uns Menschen (und wohl auch aller anderen Primaten) nach Verbundenheit einerseits und Autonomie andererseits stillen zu können. Denn in solchen Gemeinschaften kommt es auf jedes einzelne Mitglied an. Jedes Individuum ist in seiner Einzigartigkeit wichtig und kann eine für alle brauchbare Entdeckung machen. Aber dieser von Einzelnen immer wieder in Gang gesetzte Entwicklungsmotor funktioniert für die Gemeinschaft nur dann, wenn sich alle Mitglieder miteinander verbunden fühlen – und deshalb auch aufmerksam aufeinander achten.

In menschlichen Gemeinschaften verbreiten sich auf diese Weise aber nicht nur neue Entdeckungen, Erfindungen oder Fähigkeiten, sondern vor allem auch von einzelnen Mitgliedern entwickelte und von allen anderen als brauchbar und hilfreich empfundene Vorstellungen. Das können Vorstellungen von guten oder bösen Geistern sein und den Möglichkeiten, sie herbeizurufen beziehungsweise zu beschwichtigen. Das können auch Vorstellungen sein, die das Gefühl von Verbundenheit unter den Mitgliedern stärken. Aber auch solche, die ihnen helfen, einander in ihrer Einzigartigkeit zu erkennen. Und natürlich auch solche, die ein gemeinsames Anliegen beschreiben, das alle zusammen verfolgen.

Zu allen Zeiten und in allen Gegenden haben Menschen solche einmal entstandenen, von einzelnen

Mitgliedern entwickelten, sich anschließend innerhalb der jeweiligen Gemeinschaft ausbreitenden und von allen geteilten Vorstellungen verfolgt. Und überall sind diese später durch andere, angesichts der inzwischen veränderten Gegebenheiten günstiger erscheinende Vorstellungen abgelöst worden. In immer größer werdenden Gemeinschaften haben sich manche dieser Vorstellungen bisweilen so stark ausgebreitet, dass sie schließlich zu Ideologien wie Kapitalismus, Kommunismus, Faschismus oder Nationalismus geworden sind.

Aber all diese unterschiedlichen, von einzelnen menschlichen Gemeinschaften über einen gewissen Zeitraum verfolgten, nicht selten einander widersprechenden und miteinander unvereinbaren Vorstellungen zeichnet eine grundsätzliche Gemeinsamkeit aus: Sie sind alle aus etwas erwachsen, das in der Organisation und Arbeitsweise des menschlichen Gehirns von Anfang an angelegt war. Vorstellungen über die egoistische Natur des Menschen beispielsweise bringen die im Lauf des Lebens gemachten Autonomieerfahrungen besonders stark zum Ausdruck, und solche über die Liebesfähigkeit und den Altruismus beruhen auf der Erfahrung eigener Verbundenheit. Auf solche eigenen Erfahrungsgrundlagen lassen sich auch all jene Vorstellungen zurückführen, die von den Mitgliedern einer jeden menschlichen Gemeinschaft entwickelt werden, um sich selbst und ihre Stellung in der Welt zu beschreiben. Je stärker dabei die gleichzeitige Erfahrung von sowohl Geborgenheit und Verbundenheit als auch eigener Gestaltungsfähigkeit und Autonomie am eigenen Leib gemacht und im Gehirn verankert werden konnte, desto wahrscheinlicher wurde es, dass Menschen allmählich auch eine Vorstellung ihrer Würde zu entwickeln begannen.

Unsere Vorstellung von der Würde des Menschen ist also der in einem Begriff fassbare und bewusst erkennbare Ausdruck einer uns Menschen eigenen, in der inneren Organisation und Arbeitsweise unseres Gehirns verankerten Anlage.

Eine interessante Frage, die es angesichts dieser Erkenntnis noch zu beantworten gilt, lautet: Weshalb sind wir auch heute – und nach allem, was wir einander im Verlauf unserer bisherigen Entwicklung zugefügt haben – noch immer außerstande, unser Leben und unser Zusammenleben so zu gestalten, dass wir dabei nicht fortwährend unsere eigene Würde und damit auch die anderer Menschen verletzen?

Auch dafür gibt es eine biologische Erklärung: Es geht ums Überleben, und zwar erst einmal um das eigene. Und das ist immer auf irgendeine Weise bedroht. Niemand, der morgens aus dem Haus geht, kann sicher sein, dass er abends wieder gesund und wohlbehalten zu Hause ankommt. Und falls man dann am Abend endlich wieder davor steht, ist es vielleicht abgebrannt oder ausgeraubt. Oder der Partner hat sich entschlossen zu gehen, und ist ausgezogen. Möglicherweise ist sie oder eines der Kinder auch mit der Diagnose einer unheilbaren Erkrankung vom Arztbesuch zurückgekommen. Dann erscheint das Leben plötzlich sinnlos und leer. Manche Menschen haben dieses Gefühl aber auch schon dann, wenn sie bestimmte, von ihnen im Lauf ihres Lebens entwickelte und fest in ihrem Hirn verankerte Vorstellungen aufgeben müssen. Für sie ist auch das eine Katastrophe. Und für all diese, das eigene Leben in Frage stellenden oder gar bedrohenden Ereignisse muss jeder Mensch eine Lösung finden. Die suchen wir dann ja auch alle.

Das Problem ist nur: Dazu eignen sich auch sehr kurzfristige Lösungen. Und die sind angesichts einer akut aufgetretenen Bedrohung zunächst sogar effektiver als langfristige. Wenn mir beispielsweise meine Frau mit Trennung droht und mich verlässt, kann ich dieses Problem und den damit einhergehenden Schmerz auch dadurch überwinden, dass ich mir eine Flasche Wodka hinter die Binde kippe. Dass daraus langfristig unser künftiges Zusammenleben noch viel fragwürdiger wird, ist in der akuten Situation erst einmal nicht entscheidend. Hauptsache das Problem ist weg und es geht in meinem Hirn wieder etwas weniger bedrohlich zu.

Das Gleiche gilt für eine menschliche Gemeinschaft, die sich beispielsweise von einer anderen Gemeinschaft bedroht fühlt. Klar kann die gegen diese Nachbarn zu Felde ziehen und sie erst einmal vertreiben. Dann passt wieder alles besser, und es wird nicht mehr so viel Energie mit all diesen Querelen und Streitereien verbraucht. Aber langfristig kommen die Vertriebenen sehr wahrscheinlich und dann möglicherweise auch noch weitaus besser gerüstet zurück. Dann wird alles noch viel schlimmer.

Auf unsere Ausgangsfrage bezogen heißt das: Kurzfristig kann es durchaus eine erfolgreiche Strategie sein, sich würdelos zu verhalten. Langfristig aber werden die Probleme so nicht gelöst. Meist wachsen sie dadurch nur immer weiter.

Kurzfristig kann es durchaus eine erfolgreiche Strategie sein, sich würdelos zu verhalten.

Sowohl für den Einzelnen als auch für eine Gemeinschaft ist es daher nicht leicht, Lösungen zu finden, die auch langfristig und damit nachhaltig Probleme aus der Welt schaffen. Die das Überleben des Einzelnen und den Fortbestand der Gemeinschaft nicht nur kurzfristig, sondern wirklich nachhaltig sichern. Solange die Welt groß genug ist und die Schäden, die Menschen in dieser Welt – in Ermangelung entsprechender Technologien – anzurichten imstande sind, noch nicht allzu bedrohliche Ausmaße angenommen haben, gibt es also keinen Grund, nachhaltige Lösungen zu suchen. Während dieser Phasen können sogar all jene Personen wesentlich erfolgreicher agieren und ihre Vorstellungen verwirklichen, denen die langfristigen Folgen ihrer Aktivitäten völlig gleichgültig sind.

Mit solchen kurzfristig Erfolg versprechenden Strategien haben einzelne Menschen und auch ganze menschliche Gemeinschaften ihr Leben und ihr

Zusammenleben im Verlauf der gesamten bisherigen Menschheitsgeschichte gestaltet. So hat es ja auch ziemlich lange funktioniert. Langfristig kam es allerdings zu immer schrecklicheren Kriegen, zu einer rücksichtslosen Ausplünderung natürlicher Ressourcen, zu grausamen Formen von Ausbeutung und Unterdrückung und inzwischen eben auch zur globalen Vermüllung, zur Klimaveränderung und zu nicht enden wollenden Flüchtlingsströmen. Das Ausmaß der durch kurzfristige Lösungen von uns Menschen erzeugten langfristigen Probleme ist jetzt, zu Beginn des 21. Jahrhunderts so unübersehbar und so selbstzerstörerisch geworden, dass uns nun nichts anderes mehr übrig bleibt, als unsere Aktivitäten künftig an solchen Vorstellungen zu orientieren, die das Leben und das Zusammenleben von Menschen langfristig und nachhaltig erfreulicher machen. Weil wir aber offenbar erst am eigenen Leib und auf globaler Ebene erfahren müssen, wie gefährlich unsere eigene Kurzsichtigkeit ist, dauert es so lange, bis wir ernsthaft beginnen, nach einer solchen, langfristig ausgerichteten gemeinsamen Orientierung zu suchen.

Wie werden unsere
Würdevorstellungen im
Gehirn verankert?

ES KLINGT AUF den ersten Blick ziemlich weit hergeholt, aber indem wir Menschen eine Vorstellung von einem würdevollen Leben entwickeln und sie zur Grundlage der Gestaltung unseres Lebens und der Steuerung unseres Verhaltens machen, folgen wir eigentlich nur den Gesetzmäßigkeiten, die sich aus dem zweiten Hauptsatz der Thermodynamik ergeben. Der besagt, dass alle natürlichen Prozesse auf die gleichmäßige Verteilung von Energie ausgerichtet sind. Alle Lebewesen müssen deshalb über die Fähigkeit verfügen, eine innere Ordnung aufzubauen, die dieser Tendenz entgegenwirkt. Je besser ihnen das gelingt, desto wahrscheinlicher wird ihre Überlebensfähigkeit. Je weniger Energie sie für die Aufrechterhaltung ihrer inneren Ordnung verbrauchen, desto besser sind sie in der Lage, ihrer eigenen Auflösung zu widerstehen. Somit lässt sich also aus dem zweiten Hauptsatz der Thermodynamik ein äußerst interessantes Grundprinzip ableiten, das nicht nur die Arbeitsweise, sondern auch die Strukturierung des menschlichen Gehirns bestimmt. Bei allem, was dort oben passiert, geht es um eine möglichst optimale Nutzung der vom Körper in Form von Glukose und Sauerstoff bereitgestellten und über das Blut zum Gehirn transportierten Energiereserven. Diese Energiezufuhr ist begrenzt, und das Gehirn ist deshalb gezwungen, seine Arbeitsweise so zu organisieren, dass es nicht mehr Energie verbraucht als über die Blutbahn angeliefert wird. Dieses Problem hat nicht nur das Gehirn irgendwie zu lösen. Es ist ein grundsätzliches Problem aller lebenden Systeme: Sie sind alle gezwungen, eine innere Ordnung zu entwickeln und die Beziehungen ihrer Konstituenten so zu organisieren, dass der zur Aufrechterhaltung des betreffenden Systems erforderliche Energieverbrauch so gering wie möglich bleibt. Gelingt das nicht, geht es zugrunde, zerfällt, und die in ihm enthaltene Energie verteilt sich wieder gleichmäßig im Universum.

Unser Gehirn hat nun aber insofern ein ganz besonderes Problem mit diesem Grundgesetz, weil es bereits im »Ruhezustand«, wenn wir also gar nichts tun und auch nichts denken, für die dort auch dann noch ablaufenden Prozesse bereits zwanzig Prozent der vom Körper insgesamt bereitgestellten Energiemenge verbraucht. Das ist viel, und dieser Energieverbrauch steigt dramatisch an, sobald wir nun auch noch zu denken anfangen, ein Problem lösen müssen, Konflikte haben oder etwas Neues lernen sollen. All das zählt daher nicht zu den Lieblingsbeschäftigungen eines menschlichen Hirns. Es führt zunächst zu unangenehmen Gefühlen und schließlich sogar auf körperlicher Ebene zu einem Zustand von Erschöpfung. Das ist unangenehm, und das vermeiden wir deshalb lieber. Und wir haben ja auch alle ziemlich gut gelernt, wie das geht: durch Verdrängung, Ablenkung, Abspaltung, durch Weghören und Wegschauen, durch Abschalten, Verleugnen und was es sonst noch alles für Strategien zur Drosselung des Energieverbrauchs durch Selbstberuhigung geben mag.

Aber auch ohne unser derartiges bewusstes oder unbewusstes Zutun funktioniert das Gehirn aus sich selbst heraus so, dass sein Energieverbrauch möglichst niedrig bleibt. Besonders interessant und wirksam ist die dazu in der Arbeitsweise unseres Gehirns angelegte Tendenz zur Komplexitätsreduktion. Das hört sich schwierig an, ist aber etwas, das wir alle kennen, nämlich die Herausbildung von Automatismen und von übergeordneten Mustern zur koordinierten Steuerung einer Vielzahl von Einzelaktivitäten und Einzelreaktionen.

Laufen beispielsweise können wir alle, das funktioniert normalerweise ganz von allein, unbewusst und ohne nachzudenken. Aber als wir es im ersten Lebensjahr erlernt haben, war es noch sehr anstrengend und energieaufwendig. Inzwischen geht es ganz automatisch – und verbraucht nun kaum noch Energie. Denn in unserem Gehirn ist damals ein Muster, ein inneres Bild entstanden, das all die vielen Einzelreaktionen und Muskelkontraktionen, die wir beim Laufen einsetzen, sehr effektiv koordiniert und steuert. Und wenn wir später irgendwohin wollen, rufen wir nur noch dieses übergeordnete Muster auf, und dann laufen wir los. Bisweilen sogar so automatisch, dass wir auch noch dort vorbeilaufen, wo wir hinwollen. Das kostet dann zwar etwas zusätzliche Energie für die Umkehr, aber ansonsten ist dieser ganze Automatismus enorm energiesparend.

Und genauso, wie das Gehirn solche übergeordneten Handlungsmuster zur Steuerung einer Vielzahl von Einzelbewegungen herausbildet, macht es das auch, um unser Verhalten möglichst energiesparend zu lenken. Die dafür im Gehirn herausgeformten übergeordneten Muster bezeichnen wir im Deutschen als innere Einstellungen und Haltungen. Herausgebildet werden diese Haltungen anhand der von einer Person in ihrem bisherigen Leben gemachten Erfahrungen. Diese im Frontalhirn als komplexe Netzwerke verankerten Einstellungen und Haltungen sind entscheidend dafür, wie sich die betreffende Person in einer bestimmten Situation verhält, was sie sagt und tut, worum sie sich kümmert und was sie links liegen lässt, was ihr also wichtig ist und was ihr gleichgültig bleibt. Auch das funktioniert dann alles fast automatisch und verbraucht weniger Energie, als jedes Mal darüber nachzudenken, welche Verhaltensweisen in bestimmten Situationen angemessen und zielführend sind. Entdeckerfreude ist so eine Haltung, ebenso Offenheit und Gestaltungslust. Aber auch Neid, Geiz oder Missgunst. Messen lassen sich diese inneren Einstellungen nicht. Man kann sie nur aus den von ihnen gelenkten Verhaltensweisen

96

ableiten, also aus dem, was eine bestimmte Person sagt und tut.

Interessanterweise wird die Herausbildung dieser inneren Einstellungen und Haltungen ebenfalls durch ein im Gehirn verankertes, übergeordnetes Muster gelenkt. Auch das wird erst im Lauf des Lebens erworben. Wir haben dafür in unserer Sprache keinen eindeutigen Begriff und bezeichnen dieses Metakonzept meist als Selbstbild. Im weitesten Sinne handelt es sich dabei um eine Vorstellung davon, was den betreffenden Menschen als Person ausmacht. Sie schließt aber gleichzeitig auch ein, was für ein Mensch er sein will, woran er sich in seinem Leben und bei seinen Entscheidungen orientiert.

Die wissenschaftliche Bezeichnung für diesen Zustand, den nicht nur unser Gehirn, sondern alle lebenden Systeme, also auch jede einzelne Zelle, jedes Ökosystem und jede menschliche Gemeinschaft, anstreben, lautet Kohärenz. Es ist ein Zustand, in dem alles möglichst gut und reibungslos zusammenpasst. Dann ist auch der zur Aufrechterhaltung der inneren Ordnung des betreffenden Systems erforderliche Energieaufwand am geringsten. Wenn es einem Menschen nicht gelingt, ein inneres Bild davon zu entwickeln, wer er sein will, fehlt ihm diese Ordnung stiftende Orientierung, und in seinem Hirn passt dann vieles, was er

> **Wenn es einem Menschen nicht gelingt, ein inneres Bild davon zu entwickeln, wer er sein will, fehlt ihm diese Ordnung stiftende Orientierung.**

denkt und was er tut, nicht mehr so gut zusammen. Es kommt dann zu einer sich ausbreitenden Inkohärenz, und die geht immer mit einem erhöhten Energieverbrauch einher.

Diese in der inneren Organisation des Gehirns angelegte Fähigkeit zur Komplexitätsreduktion durch die Herausbildung handlungsleitender und Orientierung bietender Metakonzepte ist also keine geistige Luxusleistung, die sich Menschen, wenn sie Lust und Zeit dafür haben, zu eigen machen können. Die enorme Offenheit des menschlichen Gehirns und die sich daraus ergebende Vielfalt unserer Wahrnehmungen, Gedanken und Fantasien, aber auch unserer Handlungs- und Gestaltungsmöglichkeiten und nicht zuletzt unsere enorme Beziehungsfähigkeit macht uns äußerst anfällig für dadurch im Gehirn ausgelöste Inkohärenzen. Im Gegensatz zu den Tieren verfügen wir nicht über festgelegte Strukturen, angeborene Verhaltensprogramme, hoch spezialisierte Wahrnehmungsorgane und vorbestimmte Verhaltensmuster. Je weniger ein Lebewesen von seiner Außenwelt mitbekommt und je beschränkter das Spektrum seiner Handlungsmöglichkeiten ist, desto seltener gerät es in diesen Zustand von Inkohärenz. Aber je seltener es zu solchen Störungen der inneren Organisation kommt, desto seltener wird es notwendig, diese Störung durch eine geeignete Reaktion oder Handlung auszugleichen. Wer nicht mit ständig neuen Herausforderungen konfrontiert ist, die seinen jeweils erreichten Zustand von

Kohärenz erschüttern und inkohärent machen, kann also weder etwas Neues hinzulernen noch sich weiterentwickeln.

In einer sich ständig verändernden Welt ist die Einschränkung und Begrenzung eigener Wahrnehmungs-, Vorstellungs- und Gestaltungsmöglichkeiten daher keine langfristig tragfähige Lösung. Wer sich so undifferenziert und kaum spezialisiert entwickelt hat wie die Vertreter unserer Spezies, wird fortwährende Veränderungen seiner eigenen Lebenswelt nur überleben können, indem er sich ständig weiterentwickelt. Dazu ist ein Höchstmaß an Offenheit und eigener Veränderungsfähigkeit erforderlich, und deshalb ist ein zeitlebens lernfähiges Gehirn als Herausstellungsmerkmal unserer Spezies entstanden. Aber um der damit einhergehenden Gefahr ständig neu entstehender Inkohärenzen aus eigener Kraft und mit eigenen Mitteln entgegenwirken zu können, mussten die Vertreter unserer Spezies einen Weg finden, um sich nicht in der Vielfalt der sich aus dieser Offenheit ergebenden Vielfalt an Eindrücken und Optionen zu verlieren. Vorgezeichnet und angelegt war dieser Weg bereits bei unseren tierischen Vorfahren. Auch schon mit ihren weniger lernfähigen Gehirnen sind sie in der Lage, Komplexität durch die Aktivierung übergeordneter Konzepte und Handlungsmuster zu reduzieren. Aber eine Vorstellung von sich selbst, also ein Orientierung bietendes Bild davon, wer sie sind und in welche Richtung sie sich – gemeinsam – weiterentwickeln wollen, können sie nicht hervorbringen. Wären unsere Urahnen dazu nicht imstande gewesen und hätten sie diese Vorstellungen nicht an ihre Nachkommen weitergegeben, gäbe es uns nicht: In die Freiheit entlassen, wären wir an einem Mangel an Orientierung – und ohne den zweiten Hauptsatz der Thermodynamik jemals erkannt zu haben – längst untergegangen.

Dass uns dieses Schicksal bisher erspart geblieben ist, verdanken wir der Fähigkeit, aus Fehlern lernen und selbst verschuldete Fehlentwicklungen korrigieren zu können. Oder – im Kontext des zweiten Hauptsatzes der Thermodynamik – weil wir es bisher immer wieder geschafft haben, die aus unserer Offenheit und Freiheit zwangsläufig entstehenden Inkohärenzen durch eigene Weiterentwicklung, Lernen und den Erwerb von Kompetenzen immer wieder in etwas kohärentere und damit weniger energieaufwendige Zustände umzuwandeln. Diese Erfahrung machen wir alle tagtäglich, denn es gibt ja immer irgendetwas, das uns stört, das nicht so recht zu unseren Erwartungen passt und unser Gehirn in einen inkohärenten Zustand versetzt. Weil das kein sehr angenehmer Zustand ist, beginnen wir dann nach einer Lösung für das neu entstandene Problem zu suchen. Sobald wir die gefunden haben, wird die im Gehirn entstandene Inkohärenz wieder etwas kohärenter. Das wiederum führt im Mittelhirn zu einer vermehrten Freisetzung von sogenannten neuroplastischen Botenstoffen,

und die wirken so ähnlich wie ein Dünger und sti-
mulieren das Auswachsen von Nervenzellfortsätzen
und die Bildung von neuen Nervenzellkontakten
in all jenen Bereichen des Gehirns, die zur Lösung
des Problems aktiviert worden sind. So wird alles,
was wir tun und was dazu beiträgt, einen inkohärent
gewordenen Zustand wieder etwas kohärenter zu
machen – und damit Energie zu sparen –, weiter aus-
gebaut, gestärkt und gefestigt.

Das gilt auch für die in Form komplexer neuronaler Verschaltungsmuster im Frontalhirn herausgebildeten und verankerten Vorstellungen, die dazu
beitragen, dass alles, was dort oben im Gehirn als
eigene Erfahrungen abgespeichert worden ist, möglichst gut zusammenpasst. Wenn wir etwas Neues
erleben, muss das ja irgendwie in all das eingefügt
und integriert werden, was wir bisher schon erlebt,
kennengelernt und uns zu eigen gemacht haben.
Zusammengefügt und miteinander verknüpft wird
dieses bisher Erlebte in Form eines im Frontalhirn
herausgebildeten Metakonzepts über sich selbst.
Kinder entwickeln eine solche Vorstellung im Alter
von etwa zwei Jahren. Dann sagt ein Mädchen nicht
mehr »Das ist Marie«, sondern »Das bin ich«. Diese
erste Vorstellung vom »Ich« und damit der eigenen
Subjekthaftigkeit ist zunächst noch sehr labil, wird
aber anschließend durch alle weiteren Erfahrungen, die dieses Mariechen beim Heranwachsen und
später als erwachsene Frau macht, weiter gefestigt,
ergänzt, erweitert, modifiziert und auf diese Weise an

das angepasst, was diese Marie bis dahin erlebt und erfahren hat.

Das so entstandene innere Bild, das eine Person von sich selbst entwickelt hat, ist immer einzigartig und bildet den Kern ihrer Individualität. In dem Maß, wie es dieser Person dabei gelingt, ihre gesamten Erlebnisse miteinander zu verbinden und in den Kontext einzubetten, in dem sie diese Erfahrungen gemacht hat, erweitert sich dieses Konzept ihrer Individualität und wird zu einer Vorstellung ihrer eigenen Identität. Dann betrachtet sich diese Marie nicht mehr nur als eine einzigartige Person, sondern als jemand, der durch seine besonderen Erfahrungen in der Herkunftsfamilie, mit anderen Menschen, in ihrer Stadt, in ihrem Kulturkreis zu dem geworden ist, was sie heute ist. Diese Erfahrungen sind nun ein Teil von ihr, sie gehören zu ihr und verleihen ihr ihre jeweilige Identität. Weil diese Vorstellung umfassender ist und komplexere Lebenserfahrungen integriert als die ihrer bloßen Individualität, bietet sie auch eine umfassendere und verlässlichere Orientierung. Mit ihrer Hilfe gelingt es dieser Person deshalb nun auch besser, neue Erfahrungen so zu bewerten und einzuordnen, dass sie möglichst gut zu der von ihr erschlossenen und gestalteten Lebenswelt passen – also kohärenter sind und damit den Energiebedarf des Gehirns verringern.

Das innere Bild, das eine Person von sich selbst entwickelt hat, ist immer einzigartig und bildet den Kern ihrer Individualität.

Die mit Abstand wichtigsten Erfahrungen, die wir Menschen im Lauf unseres Lebens machen, sind Erfahrungen, die aus dem Zusammenleben mit anderen Menschen erwachsen. Manche dieser Erfahrungen sind hilfreich und wertvoll und tragen dazu bei, die in uns angelegten Potentiale schrittweise entfalten zu können. Andere sind aber auch schmerzhaft und belastend. Wir spüren, dass sie uns nicht guttun, und würden sie lieber vermeiden. Aus diesen positiven wie auch negativen Erfahrungen, die wir in unseren Beziehungen zu anderen Menschen machen, entsteht im Gehirn ein inneres Bild, eine Vorstellung davon, wie Menschen ihre Beziehungen und ihr Zusammenleben gestalten müssten, damit uns derartige leidvolle Erfahrungen im Umgang miteinander erspart bleiben. Wenn es uns gelingt, diese Vorstellung mit der Vorstellung unserer jeweiligen Identität zu verknüpfen, entsteht in unserem Hirn dieses besondere Metakonzept, dieses innere Bild, das wir mit dem Begriff und der Vorstellung unserer Würde verbinden.

Woher kommt das Empfinden der eigenen Würde?

.

WER JEMALS MITERLEBEN durfte, wie ein Fohlen geboren wird, wird das wohl nie wieder vergessen. Kaum hat das Neugeborene sich von den Strapazen des Geburtsvorgangs ein wenig erholt, versucht es auch schon mit aller Kraft auf die Beine zu kommen. Und dann steht es, ein wenig wackelig zwar, aber doch schon recht fest auf seinen vier Beinen. Wenig später hat es auch schon herausgefunden, wie es die mütterliche Brust erreicht, und beginnt zu säugen. Schon am nächsten Tag springt dieses Fohlen neben seiner Mutter ziemlich sicher und behände über die Weide. Niemand hat ihm gezeigt, wie das alles geht, von ganz allein hat es das Schritt für Schritt herausgefunden. Uns als Beobachtern erscheint das wie ein Wunder.

Wenn wir jedoch in sein kleines Gehirn hineinschauen könnten, würden wir zwei Bereiche erkennen, die beide gleichzeitig aktiviert werden, bevor es aufsteht, bevor es zu säugen und herumzuspringen beginnt. In dem einen Bereich, im sensomotorischen Kortex, sind es spezifische neuronale Verschaltungsmuster, die bereits vorgeburtlich herausgeformt worden sind und die für die Steuerung der jeweiligen Bewegungsmuster beim Aufstehen, beim Säugen oder beim Umherspringen zuständig sind. Die sind also bereits da, sie müssen nur noch angeregt, also aktiviert werden. Und zu dieser Aktivierung kommt es im Hirn des neugeborenen Fohlens dadurch, dass in den tieferen Bereichen seines Gehirns ein Impuls generiert wird, weil dort ein ebenfalls schon vorgeburtlich entstandenes neuronales Netzwerk in Erregung gerät. Diese Erregung springt dann auf das für die jeweilige Verhaltensreaktion verantwortliche Netzwerk über, und dann stellt sich das Fohlen – so gut es geht – auf seine vier Beine, versucht zu säugen oder der Stute auf der Weide zu folgen. Dieses im Mittelhirn lokalisierte, spezifische Verhaltensmuster nicht steuernde, sondern in Gang bringende Netzwerk nennen die Hirnforscher Antriebs- oder Motivationssystem. Das haben nicht nur die kleinen Fohlen, sondern auch alle anderen Säugetiere. Und es funktioniert bei allen nicht nur am Anfang, wenn sie auf die Welt kommen, sondern ihr ganzes Leben lang.

Sonst könnten sie keine einzige Handlung ausführen. Selbst das beste sensomotorische Verschaltungsmuster für die Steuerung des Aufstehens, des Säugens oder des Umherspringens wäre völlig nutzlos, wenn es nichts gäbe, was diese Handlungsmuster zunächst einmal aktiviert. Und aktiviert werden sie durch das, was wir ein Bedürfnis nennen. Das Fohlen muss das Bedürfnis haben aufzustehen, zu säugen oder herumzuspringen. Sonst passiert nichts. Normalerweise erwacht ein solches Bedürfnis nach dem anderen, sobald der Geburtsstress vorbei ist.

Es entsteht von ganz allein und ist nichts anderes als der Ausdruck eines subjektiven Empfindens. Bei verschiedenen Fohlen und in Bezug auf bestimmte Verhaltensreaktionen kann dieses sich als Bedürfnis äußernde, subjektive Empfinden unterschiedlich stark ausgeprägt sein. Aber etwas wollen sie alle, sonst würde ein Fohlen keinen Tag lang überleben, und es könnte auch nichts von alldem hervorbringen, erweitern, vervollständigen und hinzulernen, was es braucht, um ein richtiges Pferd zu werden.

Bei uns Menschen ist das prinzipiell nicht anders, aber wir sind und werden eben keine Pferde. Wenn wir zur Welt kommen, gibt es in unserem Gehirn noch keine neuronalen Verschaltungsmuster, die schon so weit ausgereift sind, dass durch ein subjektives Empfinden und das daraus erwachsende Bedürfnis eine typisch menschliche Verhaltensweise in Gang gesetzt werden kann. Menschliche Neugeborene können weinen, wenn es ihnen nicht gut geht, sie können herumzappeln und versuchen, das zu bekommen oder zu machen, wonach sie ein Bedürfnis haben. Aber wenn ihnen niemand zeigt, wie es geht, sind sie außerstande, den aufrechten Gang, die menschliche Sprache oder gar Lesen, Schreiben und Rechnen aus sich selbst heraus zu erlernen. Dafür gibt es im Gehirn eines neugeborenen Kindes kein bereits vorgeburtlich herausgeformtes Verschaltungsmuster. Das unterscheidet uns eben von den Pferden und anderen Tieren. Wir kommen zwar als Menschen zur Welt, aber wir brauchen andere Menschen, um zu dem werden zu können, was uns als Menschen ausmacht.

Wir können das alles nur von anderen lernen, wenn sie uns zeigen und vormachen, wie es geht. Aber das allein reicht noch nicht. Fest im Hirn verankert wird das alles erst durch eigenes Ausprobieren, durch Versuch und Irrtum, also im Wesentlichen durch all die vielen Erfahrungen, die wir beim Hineinwachsen in unsere jeweilige Lebenswelt machen. Und die wichtigsten Erfahrungen machen wir eben nicht mit Pferden oder Eichhörnchen oder Affen, sondern mit anderen Menschen. Das ist auch gleichzeitig unser größtes Problem. Wird nämlich ein Kind von solchen anderen Menschen missbraucht, verprügelt und gedemütigt und findet es auch später niemanden, der ihm zeigt, dass es auch möglich ist, liebevoller und einander unterstützender miteinander umzugehen, so wird es den Eindruck gewinnen und es für völlig normal halten, dass Menschen einander betrügen, hintergehen, missbrauchen und demütigen. So ist sein subjektives Empfinden. Und das bildet dann die motivationale Grundlage, den inneren Antrieb dafür, wie es seine Beziehung zu anderen Menschen gestaltet. Deshalb ist es so entscheidend, wie wir uns als Eltern gegenüber unseren Kindern, als Erzieher und Lehrer in unseren Bildungseinrichtungen, als Vorgesetzte im Betrieb und als Nachbarn in unserem Wohnviertel verhalten. Pferde haben dieses Problem nicht. Ihr Gehirn ist von Anfang an so gut »pferdemäßig« vernetzt, dass sie gar nicht anders können, als zu einem mehr oder weniger typischen Pferd zu werden. Weil wir Menschen aber nicht bereits mit einer Anlage zur Welt kommen, die uns zu dem macht, was wir als Menschen sein könnten, müssen wir das erst selbst im Lauf unseres Lebens herausfinden. Wie leicht wir uns dabei irren und verirren können, lässt sich anhand all der vielen Abscheulichkeiten erahnen, die uns einzelne Vertreter unserer Spezies im Lauf der Menschheitsgeschichte immer wieder vor Augen geführt haben.

Es ist in der Organisation unseres Gehirns so angelegt, dass sich unser Blick immer wieder auf all das Schreckliche und Grausame richtet, was Menschen einander zuzufügen bereit sind. Wenn sich solche Geschehnisse nicht automatisch in den Vordergrund unserer Aufmerksamkeit und unserer Wahrnehmungen drängen würden, könnten wir nicht lernen, was für uns gefährlich und bedrohlich ist. Wir hätten dann kein Empfinden für das, was Menschen einander anzutun imstande sind. Könnten keine Verhaltensweisen entwickeln, um uns vor solchen Bedrohungen zu schützen, auch keine Vorsorge treffen, um sie abzuwenden. Wir wären diesen Grausamkeiten hilflos ausgeliefert. Wenn uns das Schreckliche also nicht so unwiderstehlich in seinen Bann zöge und die dadurch im Gehirn ausgelöste Inkohärenz nicht zu einer tief greifenden Angst- und Stressreaktion führte, hätten wir auch keine geeigneten Strategien zur Abwendung solcher von anderen Menschen ausgehenden Bedrohungen entwickeln können.

Aber am Anfang unseres Lebens haben wir noch keinerlei Ahnung davon, wie bedrohlich andere Menschen für uns sein können. Wir kennen diese Gefahren nicht und wissen noch nicht, was uns andere Menschen alles anzutun imstande sind. Auch das ist gut so, denn als Neugeborenes oder als kleines Kind hätten wir ohnehin keine Möglichkeit, uns davor zu schützen. Aber dennoch gibt es etwas in uns beziehungsweise im Gehirn eines jeden kleinen Kindes, das von ganz allein aktiv wird, wenn etwas geschieht, das nicht so ist, wie es sein sollte. Mit Wissen hat das nichts zu tun, und es ist auch etwas völlig anderes als eine Vorstellung. Es ist nur eine Empfindung, ein ungutes Gefühl. Ausgelöst wird es dadurch, dass Wahrnehmungen zum Gehirn weitergeleitet werden, die nicht so recht zu den Erwartungen oder Bedürfnissen passen, die das betreffende Kind in einer solchen Situation hat. Das Kind spürt also, dass irgendetwas nicht stimmt. Hirntechnisch funktioniert das so ähnlich wie die Fehlermeldung auf dem Display einer Waschmaschine. Läuft in der etwas nicht so, wie es soll, geht eine rote Lampe an, und dann ruft man einen Mechaniker und der bringt es wieder in Ordnung. Die rote Lampe im Gehirn ist

> Am Anfang unseres Lebens haben wir noch keinerlei Ahnung davon, wie bedrohlich andere Menschen für uns sein können.

die Empfindung, dass etwas nicht stimmt. Wenn die wach wird, erwächst das Bedürfnis, etwas zu tun, das Abhilfe schafft. Das führt im Hirn zur Aktivierung des Motivationssystems. Und durch dessen Aktivierung wird dann eine bestimmte Handlung in Gang gesetzt. Wegdrehen zum Beispiel, oder wenn das nicht hilft, umherstrampeln oder weinen.

Wirklich interessant ist dabei aber weniger die Beschaffenheit der für bestimmte kindliche Reaktionen verantwortlichen neuronalen Netzwerke, sondern der Auslöser, der diese jeweiligen Verhaltensweisen in Gang setzt.

Woher weiß das Kind, oder woran merkt das Gehirn, dass etwas eingetreten ist, das nicht gut ist – oder wissenschaftlicher, dass eine Inkohärenz entstanden ist? Spürbar werden kann diese Inkohärenz nur anhand des Vergleichs mit dem Zustand, wie es eigentlich sein sollte. Es muss also im kindlichen Hirn neuronale Verschaltungsmuster geben, die Informationen darüber abgespeichert haben, wie es sein sollte, damit alles, was dort oben passiert, möglichst kohärent ist, also optimal zusammenpasst. Später, wenn das Gehirn ausgereifter ist, nennen wir das Vorwissen. Wir haben dann eine bestimmte Vorstellung davon, wie es sein sollte. Aber ein kleines Kind verfügt ja noch gar nicht über solches Vorwissen oder gar eine daraus abgeleitete Vorstellung. Es weiß also noch nicht, was richtig wäre, was andere Menschen tun müssten, wie sie mit ihm umgehen sollten, damit es gut wäre. Und dennoch geht die rote Lampe an, wenn es nicht passt. Nicht in Form einer Vorstellung, einer Idee, einer Überzeugung oder gar einer Forderung, sondern als ein sehr zartes und das gesamte Kind durchströmendes Gefühl, eben als eine subjektive Empfindung. Das ist es, was alle Kinder schon mit auf die Welt bringen und was ihnen von Anfang an hilft, nicht alles mit sich machen zu lassen: ihr feines Gespür dafür, wie es richtig wäre. Wie es selbst behandelt werden möchte und wie das Zusammenleben mit anderen gestaltet werden sollte, damit es gut – und jetzt dürfen wir auch den dafür passenden Begriff verwenden –, damit es menschlich, menschengemäß, also dem Menschen würdig ist.

Es ist eine sehr interessante Frage, woher Kinder diesen inneren Maßstab gewinnen, wie also im kindlichen Gehirn diese sehr grundlegenden Vernetzungsmuster herausgebildet werden, anhand derer geprüft wird, ob noch alles so ist, wie es sein sollte. Ein genetisches Programm, das ihnen diese Verknüpfungen ins Hirn baut, gibt es mit Sicherheit nicht. Dazu sind diese Verschaltungsmuster viel zu komplex. Also können es auch hier wieder nur eigene, am eigenen Leib gemachte Erfahrungen sein, die diese Orientierung bietenden Vernetzungsmuster im Gehirn immer wieder aktiviert und dadurch stabilisiert haben. Nicht erst nach der Geburt, sondern bereits während der vorgeburtlichen Ausreifung des kindlichen Gehirns im Mutterleib. Durch vielfältige Untersuchungen ist in den letzten Jahren belegt worden, was Kinder bereits vor der Geburt alles lernen können und wie im Mutterleib gemachte Erfahrungen im sich entwickelnden kindlichen Hirn verankert werden.

Mit Abstand am wichtigsten sind die beiden Grunderfahrungen, die die gesamte vorgeburtliche Entwicklung aller Kinder überall auf der Welt bestimmen und auch noch nach der Geburt zumindest eine Zeit lang gemacht werden: die Erfahrung engster Verbundenheit mit einem (und später hoffentlich noch weiteren) anderen Menschen einerseits. Und die aus dieser Verbundenheit heraus möglich werdende Erfahrung eigenen Wachstums, eigener Weiterentwicklung, eigener Gestaltungsmöglichkeiten. Erst viel später wird ein Kind auch lernen, diese beiden Grunderfahrungen in Worte zu fassen und eine bewusste Vorstellung einer aus der eigenen Verbundenheit erwachsenden Autonomie und Freiheit zu entwickeln. Und noch später wird es vielleicht auch zu verstehen lernen, dass es eine besondere Art der Begegnung gibt, die Menschen miteinander so tief und verlässlich verbindet und ihnen aus dieser Verbundenheit heraus hilft, Gestalter ihres eigenen Lebens zu werden, sich weiterzuentwickeln und sich in dieser Verbundenheit als völlig freie und autonome Subjektive zu erleben.

Dass diese besondere Art der Begegnung den Begriff Liebe verdient und dass sie genau diese Erfahrung

> **Am wichtigsten sind die beiden Grunderfahrungen, die Erfahrung engster Verbundenheit mit einem anderen Menschen und die Erfahrung eigenen Wachstums.**

ja bereits am Anfang ihres Lebens gemacht haben, wissen die kleinen Kinder noch nicht. Und natürlich wissen sie auch noch nicht, worin ihre Würde besteht und wie sie diese eigene Würde bewahren und bewusst gegenüber Verletzungen schützen können.

Aber ein Gespür, ein tiefes Empfinden dafür, worauf es dabei ankommt, das haben sie schon. Das ist ihr innerer Kompass, den sie schon mit auf die Welt gebracht haben. Damit gelingt es ihnen, sich in dieser Welt an dem zu orientieren, was Menschsein bedeutet.

Wie entsteht das Bewusstsein
für die eigene Würde?

MENSCHENWÜRDIGER könnte die Mitgift für den Start ins Leben kaum beschaffen sein, denn das Gespür dafür, was es braucht, damit es sein Menschsein entfalten kann, bringt jedes Kind bereits mit auf die Welt. Und jedes macht sich auch schon von Anfang an auf seine besondere Weise und mehr oder weniger lauthals bemerkbar, wenn es das, was es dazu braucht, nicht bekommt. Nicht nur dann, wenn es Hunger hat oder die Windeln voll sind. Auch wenn es allein gelassen, nicht beachtet und in die Ecke geschoben wird. Wenn es angebrüllt oder nachlässig behandelt wird. Und auch dann, wenn niemand Lust oder Zeit hat, sich ihm zuzuwenden und ihm seine Aufmerksamkeit zu schenken. Sein Empfinden, dass etwas nicht stimmt, macht jedes Kind auch dann deutlich, wenn es selbst etwas noch nicht so kann, wie es das möchte, beispielsweise wenn es etwas ergreifen will, das sich mit seinen kleinen, noch ungeübten Händchen nicht so einfach festhalten und in den Mund stecken lässt.

Das Gespür dafür, was es braucht, damit es sein Menschsein entfalten kann, bringt jedes Kind bereits mit auf die Welt.

Jedes Kind will dazugehören, es will gesehen werden und es will lernen, wie das Leben geht. Solange Kinder dieses Bedürfnis in sich spüren, finden sie auch Mittel und Wege, es zu verwirklichen. Allerdings haben nicht alle das Glück, ihre eigene Bedeutsamkeit und ihr vorbehaltloses Angenommensein in den strahlenden Augen ihrer Mütter oder Väter auch noch dann zu spüren, wenn deren Anfangsfreude über den Neuankömmling verflogen und der familiäre Alltagstrott wieder eingekehrt ist.

Nicht alle Kinder machen die Erfahrung, bedingungslos und um ihrer selbst willen geliebt zu werden. Sie wissen noch nicht, weshalb das so ist und was es bedeutet, wenn ihre Würde verletzt wird. Sie können es nur spüren.

Alles, was sie im Verlauf ihrer ersten zwei Lebensjahre ausprobieren und lernen, ist ihnen Ansporn, Ermutigung und Inspiration für jeden weiteren Entwicklungsschritt. Krabbeln, Laufen, Sprechen, Singen, Tanzen und alles andere lernen sie ja deshalb auch von ganz allein, aus eigenem Antrieb. Weil sie es lernen wollen. Deshalb schauen sie anderen, die all das schon können, auch so aufmerksam zu.

Mit bewundernswerter Beharrlichkeit probieren sie anschließend all das so lange selbst aus, bis es endlich klappt. Beim Abwaschen helfen, im Garten mitarbeiten, Äpfel pflücken und das Auto reparieren – überall wollen sie dabei sein. Dazugehören. Mitmachen. Wie später nie wieder erleben sich die meisten Kinder in diesen ersten Lebensjahren so sehr als Akteure, als Gestalter nicht nur ihres eigenen Lebens, sondern auch ihres Zusammenlebens mit anderen Personen.

Was dabei in ihrem Gehirn gestärkt wird, ist nun aber nicht länger nur ihr bereits mit auf die Welt gebrachtes Empfinden für das, was sie brauchen und was für sie gut ist. Die für diese anfängliche Empfindung verantwortlichen neuronalen Verschaltungsmuster werden nun durch ihre eigenen Erfahrungen ganz entscheidend verstärkt, erweitert und auch präzisiert. Was dadurch im Gehirn verankert wird, ist deshalb keine bloße Empfindung mehr, sondern eine als handelndes Subjekt gemachte eigene Erfahrung. Sie bildet das Fundament, für das, was die Psychologen Selbstwirksamkeit oder noch treffender das Erleben der eigenen Subjekthaftigkeit nennen. Und dieses Erleben ist während der frühen Kindheitsphase immer an die das Kind begleitenden anderen Personen gebunden, eingebunden in die Gemeinschaft, mit der es sich verbunden fühlt. Es wird ihm erst ermöglicht durch seine eigene Zugehörigkeit zu dieser Gemeinschaft und die ihm von deren Mitgliedern entgegengebrachte Zuwendung, Unterstützung und Ermutigung.

Wenn so kleine Kinder schon imstande wären, diese wichtigste Anfangserfahrung ihres Lebens mit Worten zu beschreiben, so würden sie wohl alle sagen, dass sie in dieser Lebensphase erstmals erahnt haben, was es heißt, ein Mensch zu sein. Diese am eigenen Leib gemachte Erfahrung wird im Gehirn als neuronales Netzwerk verankert. Unter günstigen Umständen kann es sich zu einem komplexen Verschaltungsmuster weiterentwickeln und zur strukturellen Grundlage dessen werden, was wir als Vorstellung und schließlich als das Bewusstsein der Würde eines Menschen bezeichnen.

Aber der Weg dorthin ist schwierig. Nicht die Steine, die ihn allzu oft versperren, sind dabei das Problem, sondern die vielen Fallgruben und die ständig seitlich wegführenden und oft sehr gut ausgebauten Irrwege. Auch das an manchen Stellen den Pfad bis zur Unkenntlichkeit überwuchernde Gestrüpp. Denn die Welt, in die unsere Kinder hineinwachsen, ist nicht so, wie sie sein sollte. Was sie dort vorfinden, ist eine von Menschen nach ihren jeweiligen Vorstellungen zur Umsetzung ihrer jeweiligen Absichten und Ziele gestaltete Lebenswelt.

Nicht die Bewahrung der eigenen Würde, sondern die Sicherung eigener Vorteile und Gewinne auf Kosten anderer bestimmt das Leben und das Zusammenleben sehr vieler Menschen. Und die schrecken deshalb auch nicht davor zurück, andere Menschen – in ähnlicher Weise wie sie das mit ihren Geräten und Maschinen und ihren Nutz- und Haustieren machen – wie Objekte zur Realisierung ihrer Absichten und Ziele zu benutzen. Das erleben nicht nur die Erwachsenen, die sich vielleicht noch davor schützen und dagegen verwahren könnten, sondern auch die solchen Bestrebungen macht- und hilflos ausgelieferten Kinder.

Das ist nicht einfach nur eine bittere, sondern eine äußerst schmerzhafte Erfahrung. Wer von anderen Personen benutzt und zum Objekt von deren Absichten und Zielen, Erwartungen und Bewertungen, Belehrungen und Unterweisungen oder gar Maßnahmen und Anordnungen gemacht wird, fühlt sich zutiefst in seiner Subjekthaftigkeit und damit in seiner Würde bedroht. Als Objekt behandelt zu werden, verletzt sowohl das zutiefst menschliche Grundbedürfnis nach Verbundenheit und Zugehörigkeit als auch das nach Autonomie und Freiheit. Unter diesen Bedingungen kommt es im Gehirn zur Aktivierung derselben Netzwerke, die auch dann aktiviert werden, wenn irgendetwas im eigenen Körper nicht stimmt. Deshalb erlebt jedes Kind das als Schmerz. Und weil der auf Dauer nicht auszuhalten ist, sucht es nach irgendeiner Lösung, um ihn abzustellen.

> **Wer von anderen Personen benutzt und zum Objekt gemacht wird, fühlt sich in seiner Würde bedroht.**

Die einfachste und in unserem Kulturkreis am häufigsten vorgelebte und deshalb von den meisten Kindern gefundene Lösung besteht darin, diese anderen Personen selbst auch wieder so zu betrachten und zu behandeln, als seien sie Objekte. Leicht ist das nicht, denn dazu müssen die Kinder ihr eigenes Grundbedürfnis nach Zugehörigkeit und

Verbundenheit unterdrücken. Aber die meisten schaffen das und sagen oder denken dann auch irgendwann diesen entscheidenden, ihren Schmerz erträglicher machenden Satz »Blöde Mama«. Sie machen also ihr Gegenüber nun selbst zum Objekt ihrer Bewertungen. Damit sind sie nicht nur in der Würdelosigkeit der Beziehungsgestaltung ihrer erwachsenen Bezugspersonen angekommen, sie haben sich diese nun auch selbst zu eigen gemacht. Wenn niemand kommt und ihnen zeigt, dass es auch anders geht, werden sie diese einmal gefundene Bewältigungsstrategie immer weiter verbessern und zunehmend subtiler einzusetzen lernen, um ihre eigenen Interessen und Absichten auf Kosten anderer zu verfolgen. Weil sie selbst von anderen wie Objekte behandelt wurden, lernen sie, andere Menschen nun auch als Objekt zu betrachten und für das Erreichen ihrer Ziele zunehmend geschickter zu benutzen. Dass diese Kinder und Jugendlichen später noch einmal jemandem begegnen, der sie in ihrer Subjekthaftigkeit vorbehaltlos annimmt, und ihnen damit die Erfahrung ermöglicht, ihre eigene Würde wiederzuentdecken, ist zu jedem Zeitpunkt möglich.

Aber genau das wird umso unwahrscheinlicher, je stärker das Zusammenleben der Menschen in ihrer täglichen Lebenswelt von genau solchen Objektbeziehungen bestimmt wird. Wenn gar all jene als besonders erfolgreich gelten, die ihren Einfluss, ihre Macht oder ihren Besitz dadurch erlangt haben, dass sie andere Menschen besonders clever und hinterlistig für ihre Ziele eingesetzt, verführt oder anderweitig benutzt haben.

Es gibt noch eine zweite Lösung, die manche Kinder finden, um ihren Schmerz zu lindern, den sie erleben, wenn sie von anderen, ihnen oft sogar besonders wichtigen Personen nicht gesehen, sondern wie ein Objekt behandelt werden: Sie erklären sich selbst für blöd, nicht liebenswert, unzulänglich oder unfähig, machen sich also selbst zum Objekt ihrer eigenen Bewertung. Das geht auch, es tut dann nicht mehr so weh, von anderen so eingeschätzt und bewertet zu werden. Aber auch dabei handelt es sich um eine sehr schwierige Leistung, denn auch diese Lösung macht es erforderlich, genau das in sich selbst zu unterdrücken, was das Gefühl oder die Vorstellung der eigenen Würde ausmacht. Wenn dann später im Leben niemand kommt, der es einer solchen Person ermöglicht, diese negativen Selbstzuschreibungen zu hinterfragen und sich selbst wieder annehmen zu können, ist es sehr wahrscheinlich, dass sich dieses einmal gefundene Bewältigungsmuster immer stärker im Hirn verfestigt und zunehmend subtiler ausgeformt wird.

Manche Kinder lernen auf diese Weise und schon lange bevor es ihnen möglich war, eine Vorstellung oder gar ein Bewusstsein ihrer eigenen Würde zu entwickeln, das Empfinden ihrer eigenen Subjekthaftigkeit und ihrer Eingebundenheit zu unterdrücken. Und damit erlischt auch ihr Grundbedürfnis nach Verbundenheit und Zugehörigkeit einerseits oder das nach Autonomie und Freiheit andererseits. Die einen erscheinen dann eher willenlos und entwickeln selbst kaum noch eigene Initiative. Die anderen richten all ihren Willen und ihr Bestreben auf die Erlangung eigener Bedeutsamkeit aus. Solche Menschen haben gelernt, entweder sich selbst nicht zu mögen oder andere Personen – weil sie mit ihnen kein emotionales Band mehr verbindet – für sich selbst und das Erreichen ihrer Ziele zu benutzen. Unter den gegenwärtig in unserem Kulturkreis herrschenden Bedingungen gelingt es nicht allzu vielen Kindern, ihr ursprüngliches Gespür für ihre eigene Würde zu erhalten und durch entsprechende günstige Erfahrungen zu einer eigenen Vorstellung und schließlich auch zu einem Bewusstsein ihrer eigenen Würde weiterzuentwickeln. Immer früher werden Kinder zu Objekten der Absichten, der Bewertungen und der Maßnahmen von Erwachsenen gemacht.

Im familiären Umfeld gelingt es auch heute nur wenigen Eltern, ihrem Kind die Erfahrung zu ermöglichen, dass es um seiner selbst willen bereits bedeutsam genug ist und es keine elterlichen Erwartungen zu erfüllen hat. Diese Erfahrung unbedingten Angenommenseins, die auch als bedingungslose Liebe bezeichnet wird, machen deshalb keinesfalls alle Kinder. In unserem Kulturkreis nicht und in anderen Kulturen möglicherweise noch seltener. Aber selbst wenn es in der Familie gelingt, bleibt den Kindern die Erfahrung, von anderen wie Objekte behandelt

126

und benutzt zu werden, kaum erspart, sobald sie draußen, außerhalb der Familie mit anderen Kindern zusammentreffen. Wenn sie im Kindergarten mit besten Absichten von Erziehern bewertet und pädagogisch professionell belehrt, unterrichtet und frühgefördert werden. Spätestens während der Schulzeit machen alle Heranwachsenden dann unweigerlich die Erfahrung, dass sie auf die eine oder andere Weise zu Objekten von Unterrichtsmaßnahmen, von Belehrungen und Bewertungen gemacht werden.

Manche, die sich ihrer Subjekthaftigkeit und ihrer Würde bereits bewusst sind, versuchen sich dagegen zu wehren und werden auffällig. Andere drehen den Spieß um und machen die Lehrer und Lehrerinnen zu Objekten ihrer Bewertungen und Aktionen. Wieder andere finden sich mit den negativen Zuschreibungen ab, indem sie sich selbst für unfähig, unbegabt oder unzulänglich erklären. All jene, die mehr Glück haben, die Erwartungen erfüllen und positive Bewertungen in Form von Lob und guten Zensuren bekommen, erleben das allzu leicht als Zuwachs an eigener Bedeutsamkeit und strengen sich meist noch mehr an, um noch mehr Anerkennung zu erhalten. Und natürlich gibt es in jeder Klasse und in jeder Peergroup auch einige, die bereits ein so starkes Bewusstsein ihrer eigenen Würde entwickelt haben, dass sie sich durch das würdelose Verhalten anderer nicht verletzen lassen, auch dann nicht, wenn sie deshalb von den anderen als Sonderlinge und Außenseiter bewertet und ausgegrenzt werden. Oft fallen sie als besonders wissbegierige und leistungsstarke Schüler auf. Aber sie gehören nicht zu denen, die nur deshalb nach guten Leistungen streben, weil sie damit ihr ungestilltes Bedürfnis nach Bedeutsamkeit zu überwinden versuchen. Sie lernen nicht, um Anerkennung zu finden, sondern weil sie so offen sind und sie so vieles wirklich interessiert.

Was keinem Heranwachsenden in unserer gegenwärtigen Gesellschaft erspart bleibt, ist der Wettbewerb. Gemeint ist damit nicht der sportliche oder spielerische Wettkampf, in dem es um das Erreichen eines gesetzten Zieles geht, sondern der Wettbewerb um begrenzte Ressourcen, der nur gewonnen werden kann, indem andere vom Zugang zu diesen Ressourcen verdrängt werden. Wer hierbei gewinnen will, muss seine Konkurrenten bei der Verfolgung seiner Ziele abhängen, über den Tisch ziehen, diffamieren, austricksen oder sie auf andere Weise zur Verwirklichung seiner eigenen Erfolgsabsichten aus dem Weg räumen. Solche Menschen sind Getriebene. Sie können ihren Erfolg nur auf Kosten anderer sichern und müssen diese anderen deshalb als ihren eigenen Absichten im Weg stehende Objekte betrachten und behandeln. Dass sie damit nicht nur deren, sondern ihre eigene Würde verletzen, ist ihnen nicht bewusst.

Ebenso unvermeidbar wie die Erfahrung, im Kampf um begrenzte Ressourcen von anderen für deren Absichten und Ziele benutzt zu werden, ist das Erleben der in jeder Konsumgesellschaft herrschenden Objektbeziehung zwischen Anbietern und Konsumenten. Gerade Kinder werden in den letzten Jahren immer zielgerichteter und offenkundiger als Objekte für den Verkauf aller nur denkbaren Produkte und Dienstleistungen benutzt. Längst haben Werbestrategien die Kleinen als sehr leicht zu gewinnende Zielgruppe entdeckt. Auf subtile – oder besser: perfide – Weise wird Kindern wie auch später den Erwachsenen vorgegaukelt, die Anbieter hätten ein ehrliches Interesse an ihrem Wohlergehen oder ihrer Weiterentwicklung. Mit Versprechungen von Verbundenheit – wenn du das besitzt, gehörst du dazu – wie auch von Autonomie – wenn du das kaufst, kannst du dieses oder jenes machen – werden schon die ganz Kleinen zu Objekten irgendwelcher Produktwerbungen gemacht. Besonders gern angenommen werden solche Angebote von all jenen, die an einem ungestillten Bedürfnis nach entweder Geborgenheit oder Autonomie leiden und das Gefühl haben, dass sie so, wie sie sind, und mit dem, was sie haben, unzureichend sind. Die gern mehr Bedeutung hätten, mehr Beachtung, mehr Aufmerksamkeit bei anderen finden würden.

Dass sie, indem sie auf diese Werbeangebote hereinfallen, sich als willfährige Objekte über den Tisch ziehen lassen, ist ihnen nicht bewusst. Weil es ihnen nicht möglich war, ein Bewusstsein ihrer eigenen Würde herauszubilden, jagen sie jedem Sonderangebot hinterher und sind sogar bereit, sich in langen

Schlangen vor den Verkaufsstellen besonders werbewirksam vertriebener Produkte anzustellen.

Ein Mensch, der sich seiner Würde bewusst geworden ist, braucht weder den Erfolg beim Kampf um begrenzte Ressourcen noch irgendwelche Ersatzbefriedigungen, die ihm von Werbestrategen angeboten werden. Eine solche Person leidet nicht an einem Mangel an Bedeutsamkeit. Sie ist sich ihrer Bedeutung bewusst. Deshalb ist sie nicht mehr verführbar. Weder hat sie einen Gewinn davon noch ein Interesse daran, andere Personen zu Objekten ihrer Absichten und Erwartungen, ihrer Ziele und Maßnahmen oder gar ihrer Verführungskünste und Versprechungen zu machen.

Ein Mensch, der sich seiner Würde bewusst geworden ist, leidet nicht an einem Mangel an Bedeutsamkeit.

Weil sie sich ihrer eigenen Würde bewusst ist, kann sie die Würde anderer Menschen nicht verletzen. Das wäre unter ihrer Würde.

Was heißt es, sich seiner
Würde bewusst zu werden?

J EDER MENSCH IST in der Lage, ein Gespür für das zu entwickeln, was seine Würde ausmacht. Diese Fähigkeit ist bereits im kindlichen Gehirn angelegt. Die im Verlauf der Kindheit in der Beziehung zu anderen Personen gemachten Erfahrungen können dieses subjektive Empfinden stärken oder unterdrücken, aber die dafür verantwortlichen Verschaltungsmuster bleiben auch dann erhalten, wenn sie gehemmt werden. Deshalb ist es zeitlebens möglich, dieses tief im Hirn verankerte Empfinden durch spätere, günstigere Beziehungserfahrungen wiederzuerwecken. In Abhängigkeit von der bis dahin von den betreffenden Personen herausgebildeten Reflexionsfähigkeit werden diese Erfahrungen in den hoch assoziativen bewusstseinsfähigen Netzwerken weiterverarbeitet. Dabei kommt es auch zu einer Aktivierung dieser in den tiefer liegenden emotionalen Bereichen des Gehirns lokalisierten Netzwerke, in denen das mehr oder weniger unterdrückte Gefühl für die eigene Würde verankert ist. Die Folge dieser gleichzeitig stattfindenden Aktivierungsprozesse ist die Bewusstwerdung dieses Gefühls für die eigene Würde.

Entscheidende Auslöser für die Wiederentdeckung und Bewusstwerdung seiner eigenen Würde sind meist sehr entscheidende persönliche Erfahrungen. Die schon in der Bibel beschriebene Wandlung des rücksichtslosen Egoisten Saulus in den Apostel Paulus ist hierfür das in unserem Kulturkreis bekannteste Beispiel. Wesentlich konkreter und zeitnaher ist das, was manche Börsenspekulanten nach der Lehman-Pleite und dem Crash durchlebten, als sie von heute auf morgen ihre mächtigen Positionen verloren hatten. Nicht alle, aber einige von ihnen begannen damals ihre Würde wiederzuentdecken und machten einen Neustart in ein völlig anderes Leben. Manche gründeten Kindergärten, andere kümmerten sich um Obdachlose oder wurden Lehrer in Schulen.

Aber es muss nicht der Zusammenbruch eines Lebensentwurfs sein, der zu solchen inneren Wandlungen führt. Manchmal ist es auch die Begegnung eines in seiner Welt sehr erfolgreichen Managers mit einem Menschen, der nie in dieser Welt gelebt, dafür aber seine Würde bewahrt hat.

Oder eine Liebesbeziehung, die sich zwischen ihm und einer solchen Frau entwickelt und die ihm das bis dahin unterdrückte Gefühl für seine eigene Würde bewusst werden lässt.

Solche Menschen, die das Glück hatten, sich auf diese Weise ihrer Würde erstmals bewusst zu werden, beschreiben dieses Erleben als eine außerordentlich tief reichende Wiederentdeckung ihrer eigenen

Gestaltungskraft und eines längst verloren geglaubten Verbundenheitsgefühls mit anderen Menschen, meist auch mit anderen Lebewesen. Aus diesem Gefühl untrennbarer Verbundenheit erwächst in ihnen zwangsläufig auch das Bedürfnis, fortan Verantwortung für sich selbst und ihr Handeln zu übernehmen. Deshalb können Menschen, die sich ihrer eigenen Würde bewusst geworden sind, nicht länger so weiterleben wie bisher. Andere Personen spüren das, auf sie wirken solche Menschen tief greifend verändert. Sie verhalten sich achtsamer, zugewandter, liebevoller, sie ruhen stärker in sich selbst und strahlen diese Ruhe auch auf andere aus. Sie lassen sich nicht mehr antreiben und sind auch nicht mehr verführbar. Wer solchen Menschen begegnet, hat das Gefühl, sie hätten einen inneren Kompass gefunden, dem sie sich anvertrauen und der sie durchs Leben führt. Nicht irgendwie, sondern in Würde. Nicht irgendwohin, sondern hin zu gelebter Menschlichkeit. Diese Bewusstwerdung der eigenen Würde ist der entscheidende Schritt in die Freiheit, ein Akt der Emanzipation, nicht als Frau oder als Mann, sondern als Mensch.

Diese Bewusstwerdung der eigenen Würde ist der entscheidende Schritt in die Freiheit.

Aber im realen Leben begegnet man solchen Personen nicht allzu oft. Tatsächlich darf es in unserer heutigen Welt auch nicht zu viele Frauen und Männer geben, die sich ihrer eigenen Würde bewusst geworden sind. Denn solche Menschen wissen, was sie wollen, und lassen sich nicht von anderen einreden, was sie noch alles gebrauchen könnten. Sie treiben alle Werbestrategen und Meinungsmacher in die Verzweiflung. Und gegen die ebenso wortreichen wie folgenlosen Versprechungen von Politikern sind sie immun. Es sind sonderbare Leute, die nicht so recht in unsere Welt zu passen scheinen.

Nahezu einig sind sich die meisten Menschen in ihrer Bewertung würdelosen Verhaltens, wenn es um Fälle extremer Verletzung der Menschenwürde geht. Ihre Empörung bezieht sich dann berechtigterweise auf all das, was den meist hilflosen Opfern dabei angetan und zugefügt worden ist. Deren Würde, so ihre Forderung, müsse durch rechtsstaatliche Verfahren wiederhergestellt werden. Aber hat jemals ein unschuldiges Opfer von Kriegsverbrechen, von Vergewaltigung und Demütigung das Bewusstsein für seine eigene Würde dadurch wiedererlangt, dass seine Peiniger anschließend rechtskräftig verurteilt und ins Gefängnis gesperrt wurden?

Und wie viele Jahre sollte so ein Verbrecher absitzen, damit sein Opfer seine verlorene Würde wiederfinden kann? Und was ist durch eine solche Tat bei genauerer Betrachtung tatsächlich verletzt worden? Die Würde des Opfers oder die des Täters? Wieso konnte dieser Verbrecher überhaupt derart würdelos handeln? Offenbar war sein Empfinden dafür völlig unterdrückt, und er hatte weder eine Vorstellung noch ein Bewusstsein seiner eigenen Würde entwickelt. Ist dafür auch jemand verantwortlich? Und wie werden diese Personen dann bestraft? Das sind ziemlich verstörende Fragen.

Deutlich leichter fällt uns die Einordnung von Verhaltensweisen als würdelos, wenn eine Person, die eine einflussreiche Position besetzt, ihre daraus erwachsende Macht zur Erlangung persönlicher Vorteile auf Kosten anderer benutzt. Vor allem kirchlichen Würdeträgern, Politikern und den Leitern staatlicher Institutionen und Behörden wird dann sehr schnell und auch recht einhellig eine »Verletzung der Würde ihres Amtes« vorgeworfen. Nicht ganz so schnell und weniger einhellig wird ein derartiges Verhalten als würdelos betrachtet, wenn es sich bei denen, die sich auf Kosten anderer eigene Vorteile verschaffen, um die Manager großer Unternehmen oder um Bankenbosse handelt. Fast scheint es, als werde von Führungskräften, die solche Positionen besetzen, ein derartiges Verhalten von der Mehrzahl der Bürger in gewissem Umfang sogar erwartet. Weniger nachsichtig fällt die Bewertung aus, wenn sich einzelne Vertreter eines in der Öffentlichkeit sehr angesehenen Berufszweiges ähnlich würdelos verhalten. Wenn beispielsweise Ärzte ihren Patienten unnötige Operationen aufschwatzen, weil die besonders einträglich sind. Oder wenn Wissenschaftler die Ergebnisse ihrer Untersuchungen fälschen, weil sie sich dadurch Wettbewerbsvorteile für ihre Karriere erhoffen.

Wenn wichtigen Amtsträgern, einflussreichen

Führungskräften oder Vertretern angesehener Berufe würdeloses Verhalten vorgehalten wird, so geht es dabei weniger um die Frage, weshalb diese Personen sich auf Kosten anderer eigene Vorteile verschafft haben. Es geht primär um die Beschädigung des Ansehens der von ihnen besetzten Ämter, Führungspositionen oder Berufszweige. Es wird auch selten die Frage gestellt, ob solche Diskussionen dazu beitragen, dass die betreffende Person sich danach ihrer Würde endlich bewusst werden kann. Wäre es nicht viel wichtiger herauszufinden, was sie dazu gebracht hat, das Empfinden ihrer Würde so sehr zu unterdrücken, dass sie weder eine Vorstellung noch ein Bewusstsein davon entwickeln konnte, was diese Würde ausmacht? Und wer ist dafür verantwortlich? Wodurch unterscheidet sich ihr würdeloses Verhalten von dem eines Gewaltverbrechers? Ist der Schaden, den sie anderen Menschen durch dieses Verhalten zufügen, weniger groß? Welche Folgen hat es, wenn sie gutgläubige Kinder verführen, vergiftete Lebensmittel vermarkten, politische Intrigen schmieden, Kunden hinters Licht führen, falsche Versprechungen machen? Wenn sie andere Menschen betrügen, hintergehen und ausnutzen? Für wen machen sie das alles? Und wozu? Weshalb werden solche Fragen in unseren öffentlichen Debatten über das würdelose Verhalten solcher Personen so selten gestellt und noch seltener beantwortet?

Wer im Glashaus sitzt, sollte nicht mit Steinen werfen, sagt ein altes Sprichwort. Und wahrscheinlich gibt es eine ganze Reihe von Menschen, die lieber nicht allzu lange darüber nachdenken, ob sie sich in ihrem täglichen Verhalten tatsächlich so sehr von all denen unterscheiden, die in der Öffentlichkeit als würdelos dargestellt werden. Die als Gewaltverbrecher oder als selbstgefällige Amtsinhaber und Führungskräfte, als gewinnsüchtige Ärzte oder als karrierebesessene Wissenschaftler andere Personen wie Objekte zur Verfolgung ihrer eigenen Absichten benutzen.

All jene, die dabei in allzu große Selbstzweifel verfallen, finden dann meist recht schnell geeignete Angebote, um die in ihren Gehirnen entstandene Inkohärenz wieder etwas kohärenter zu machen. Dazu zählen nicht nur die vielen, meist aus dem letzten Jahrhundert stammenden, aber noch immer gern verbreiteten Vorstellungen, es liege in der Natur des Menschen, sei also biologisch begründet, sich auf Kosten anderer durchzusetzen und andere für seine Absichten zu benutzen.

Und wer keine Lust auf irgendwelche Erklärungen und Begründungen hat, kann ja auch einfach shoppen gehen, sich etwas gönnen, im Internet herumsurfen oder sich den nächsten Krimi im Fernsehen anschauen. Dann geht es ihm oder ihr auch wieder besser.

Wahrscheinlich gibt es nichts, was im Gehirn eines Menschen eine so tiefgreifende Inkohärenz auslöst, wie das Eingeständnis der in seinem Denken, Reden und Handeln zum Ausdruck kommenden eigenen Würdelosigkeit. Nur so lässt sich die Vielfalt der von Menschen gefundenen und eingesetzten Ablenkungs- und Verdrängungsstrategien angesichts dieser unangenehmen Erkenntnis erklären. Zu denen zählt auch der Hinweis, dass es doch alle anderen genauso machen. Und dass es gar nicht anders geht. Wie soll ich als Mutter oder Vater mein Kind erziehen, ohne es dabei zum Objekt meiner erzieherischen Maßnahmen zu machen? Wie kann ich als Lehrer Kinder unterrichten und ihre Leistungen bewerten, ohne sie zum Objekt meiner Belehrungen und Leistungskontrollen zu machen? Wie soll ich als Leitungs- oder Führungskraft in einem Unternehmen sicherstellen, dass die Unternehmensziele erreicht werden, ohne die Mitarbeiter zu Objekten meiner Maßnahmen und Anordnungen zu machen? Wie kann jemand als Krankenschwester oder Altenpfleger angesichts des in den meisten Einrichtungen herrschenden Zeitdrucks den Patienten und Klienten so begegnen, dass deren Würde nicht verletzt wird?

Auch mir selbst fällt es durchaus nicht leicht, mich zu fragen, wie oft und bei welchen Gelegenheiten ich meine eigene Würde verletzt habe. Vielleicht versuche ich es etwas bewusster als andere, aber auch mir gelingt es nicht immer, das zu vermeiden. Es fällt auch mir schwer, andere Personen nicht zum Objekt meiner Erwartungen, Bewertungen oder Belehrungen zu machen. Und natürlich kann auch ich nicht vermeiden, dass diese sich dann in ihrer Würde verletzt fühlen. Interessanterweise erleben das aber nicht alle so. Obwohl ich mit meinem Verhalten diese Personen alle gleichermaßen würdelos behandelt habe, fühlen sich nicht alle gleichermaßen in ihrer Würde verletzt. Manche scheinen dagegen immun zu sein. Und das sind diejenigen, die sich ihrer eigenen Würde bewusst geworden sind. Die wissen, was sie wert sind, und lassen sich nicht durch mein unüberlegtes Geschwätz oder mein würdeloses Verhalten verunsichern. Sie reagieren darauf eher gelassen und nachsichtig und gehen wohl davon aus, dass ich mich so, wie ich mich in dieser Situation verhalten habe, nicht verhalten wollte. Wenn also jemand, der sich seiner eigenen Würde bewusst ist, durch das würdelose Verhalten anderer Personen in seiner eigenen Würde gar nicht mehr verletzt werden kann, so ergibt sich daraus eine sehr bemerkenswerte Schlussfolgerung: Seine Würde als Mensch kann man nur selbst verletzen. Oder wie es im ersten Artikel des Grundgesetzes formuliert ist: Die Würde des Menschen ist unantastbar. Aber, so wäre nun noch zu ergänzen, diese Aussage gilt nur für alle jene Menschen, die sich ihrer eigenen Würde auch bewusst geworden sind.

> **Seine Würde als Mensch kann man nur selbst verletzen.**

Diejenigen aber, denen es nicht gelungen ist, eine Vorstellung und ein Bewusstsein ihrer eigenen Würde zu entwickeln, spüren, dass es ihnen nicht guttut, wenn sie unwürdig behandelt werden. Es fällt ihnen schwer, dieses Gefühl in Worte zu fassen und in einer solchen Situation angemessen zum Ausdruck zu bringen. Manche lassen sich von diesem Gefühl leiten und werden so zu einem Opfer ihrer unbewussten und deshalb schwer zu kontrollierenden und allzu leicht überschießenden Affekte. Was meist dazu führt, dass sie in Schranken verwiesen und damit erneut wie ein Objekt behandelt werden. Andere versuchen dieses Gefühl zu unterdrücken. Entweder fressen sie ihren Kummer in sich hinein, oder sie versuchen, sich auf irgendeine Art und Weise abzulenken, beispielsweise indem sie sich einer sie tröstenden Beschäftigung zuwenden. Mit einem bewussten Umgang und einer bewussten Antwort auf eine Verletzung ihrer Würde hat das alles nichts zu tun.

Ähnlich geht es aber auch all jenen Personen, die mit ihren Worten oder ihrem Handeln die Würde eines solchen anderen Menschen verletzen. Dazu sind sie ja nur deshalb in der Lage, weil auch sie selbst noch kein klares Bewusstsein ihrer eigenen Würde entwickelt haben.

Was sie sagen und was sie tun, glauben sie sagen und tun zu dürfen oder gar zu müssen, weil sie sich eine Position verschafft haben, die ihnen ein Gefühl von Überlegenheit oder einfach nur Macht über diese anderen Personen verleiht. Die ihnen in ihren Augen und – wie sie meinen und wie es bei manchen Positionen ja auch der Fall ist – in den Augen anderer Menschen Bedeutsamkeit verleiht. Dass aber jemand, der wichtig und bedeutsam sein will, damit letztlich nur zum Ausdruck bringt, dass er sich selbst für zu wenig bedeutsam hält, ist diesen Personen nicht bewusst. Der Gedanke, dass sie bei ihrer unbewussten Suche nach Bedeutung, Ansehen und Macht andere Menschen zu Objekten ihrer Absichten und Ziele, ihrer Erwartungen und Bewertungen, ihrer Maßnahmen und Anordnungen machen, ist ihnen völlig fremd oder gleichgültig. Sie verhalten sich würdelos, weil sie noch kein Bewusstsein ihrer eigenen Würde entwickelt haben.

Wie können wir einander
helfen, uns unserer Würde
bewusst zu werden?

WILLKOMMEN im Informationszeitalter! Nie zuvor in der Menschheitsgeschichte gab es so viel Wissen, und nie zuvor gab es so effiziente Informationssysteme, um dieses Wissen und alles, was irgendwo passiert, was an neuen Erkenntnissen gewonnen wurde und uns wichtig erscheint, weltweit zu verbreiten. Und nie zuvor hatten so viele Menschen Zugang zu all diesen Informationen. Aber welchen Wert hat eine Information, hat eine Nachricht, eine Mitteilung oder die Verbreitung einer neuen Erkenntnis, wenn sie ihre Empfänger nicht berührt? Wenn sie global verbreitet wird und nichts passiert? Wenn sie im Rauschen all der vielen anderen Informationen untergeht, nichts bewirkt und nichts verändert? Dann, so sagen uns die Experten auf dem Gebiet der Informatik, handelt es sich nicht um eine Information, sondern um Gossip, also um Geschwätz.

Wie so viele andere war auch ich schon seit Längerem hinreichend darüber »informiert«, wie effektiv clevere Börsenspekulanten, Immobilienmakler und

Investmentbanker ihre Möglichkeit nutzen, um sich auf Kosten anderer maßlos zu bereichern. Und natürlich wusste ich schon seit Jahren, dass die Manager der großen Nahrungsmittelproduzenten keine Möglichkeit ungenutzt lassen, um ihre Gewinne zu steigern. Dass es denen offenbar völlig gleichgültig ist, welche Folgen das für die Umwelt, die Nutztierhaltung, die Landwirtschaft oder auch für die Konsumenten der so erzeugten Lebensmittel hat. Aber es hat mich nicht wirklich berührt. Ich habe mehr umweltfreundlich hergestellte Produkte eingekauft, mich auch gelegentlich aufgeregt, aber ansonsten so weitergelebt wie bisher. Bis ich dann vor ein paar Jahren zwei Dokumentarfilme des österreichischen Filmemacher Erwin Wagenhofer gesehen habe: »Lets make money« und »We feed the world«. Sehr eindringlich fand ich in beiden bestätigt, was ich bereits wusste oder zumindest geahnt hatte: wie es bei den globalen Geschäftemachern im Finanzsystem und bei den großen, weltweit operierenden Konzernen der Lebensmittelbranche zugeht.

Es war erschreckend, das alles noch einmal in so beeindruckenden Bildern vor Augen geführt zu bekommen. Aber wirklich erschüttert hat mich etwas anderes, etwas, das ich bisher noch nie bedacht hatte: Die für diese Zustände Verantwortlichen, diejenigen also, die all diese hinterlistigen Finanztransaktionen entwickelt und diese weltmarktbeherrschenden Nahrungsmittelkonzerne aufgebaut hatten, waren im formalen Sinn sehr gebildete Leute. Sie hatten die besten Schulen besucht und sie mit den besten Examina abgeschlossen. Sie hatten an den renommiertesten Universitäten studiert und auch hier ausgezeichnete akademische Abschlüsse erworben. Anschließend waren sie in ihre jeweiligen Führungspositionen aufgestiegen, und dort machten sie nicht nur widerspruchslos, sondern aus eigener Überzeugung und hoch motiviert genau das, was mir in diesen beiden Filmen so eindringlich vor Augen geführt wurde.

Ich fand es unglaublich, wie sich diese Führungskräfte auf Kosten anderer bereichern und wie gleichgültig ihnen die Folgen ihres profitorientierten Handelns sind. Aber was mich zutiefst berührte und mir einige schlaflose Nächte bereitete, war der Umstand, dass sie ja genau das genossen hatten, was wir als optimale Bildung bezeichnen. Dass diese Bildung offenbar in keiner Weise dazu geführt hatte, in ihnen eine Vorstellung, geschweige denn ein Bewusstsein ihrer eigenen Würde zu vermitteln, hätte deutlicher kaum zum Ausdruck gebracht werden können. Was sie in ihren Eliteschulen und Eliteuniversitäten erworben hatten, war keine Bildung. Das waren exzellente Kenntnisse und Fähigkeiten, um andere Menschen – und im Fall der Lebensmittelkonzernchefs auch Tiere – als Objekte zur Verfolgung ihres Anliegens der nackten Gewinnmaximierung zu benutzen.

Das hatte ich so bis dahin noch nie bedacht. Die Filme haben mir die Augen für das geöffnet, was in unseren Bildungseinrichtungen bis heute geschieht.

Wenn ein heranwachsender Mensch dort nicht zufälligerweise auf einen Lehrer oder eine Lehrerin trifft, die ihm hilft, eine Vorstellung und ein Bewusstsein seiner eigenen Würde zu entwickeln, wird dort sogar sein angeborenes Empfinden dafür unterdrückt. Bei manchen, möglicherweise sogar besonders »erfolgreichen« Absolventen so nachhaltig, dass es zeitlebens nicht wieder erwacht. Das hat mich erschüttert. Das war für mich eine Information, die in mir etwas bewirkt hat. Dazu zählt auch der Entschluss, dieses Buch zu schreiben.

Wie aber können wir einander besser als bisher helfen, uns unserer Würde als Mensch bewusst zu werden?

Dass allen Eltern das bei ihren eigenen Kindern gelingt, wird wohl noch lange ein frommer Wunsch bleiben. Jedenfalls solange es Eltern gibt, die sich ihrer eigenen Würde selbst noch nicht bewusst geworden sind. Die oftmals noch nicht einmal eine Vorstellung davon haben, was ihre Würde ausmacht.

Einen ersten Erfahrungsraum, in dem das Empfinden aller Kinder für ihre Würde gestärkt werden könnte, ist der Kindergarten. Aber schon die für diese Einrichtungen inzwischen eingeführte Bezeichnung »Kindertagesstätte (Kita)« macht ja recht deutlich, worum es dort primär geht: nicht um die Entfaltung der in den Kindern angelegten Potentiale, nicht um Erfahrungen, die ihnen eine Bewusstwerdung ihrer Würde ermöglichen, sondern um einen Ort, an dem sie sich tagsüber aufhalten, wenn ihre Eltern arbeiten. Der Begriff »Kindergarten« impliziert zumindest noch, dass Kinder sich dort spielerisch erproben und sich um etwas, das dort wächst, kümmern können. Die Bezeichnung Kita aber bringt nur zum Ausdruck, dass Kinder dort abgegeben und aufbewahrt werden können, noch nicht einmal, dass sie dort etwas lernen könnten.

Die Eltern können nur hoffen, dass die Erzieherinnen mehr darunter verstehen und es ihnen ein Anliegen ist, das Empfinden der Kinder für das zu stärken, was ihre Würde ausmacht. Erkennen lässt sich das daran, dass solche Erzieherinnen die ihnen anvertrauten Kinder nicht zu Objekten ihrer Erwartungen und Bewertungen, ihrer Belehrungen und Fördermaßnahmen machen. All jene, die diese Grundregel eines würdevollen Umgangs miteinander, mit den Eltern und vor allem mit den Kindern verletzen, brauchen Unterstützung. Hilfreich für sie wäre ein Angebot für eine Begegnung und ein wertschätzender Austausch mit all jenen Eltern, die sich ihrer Würde bewusst sind. Und hilfreich wäre auch eine Unterstützung des Teams einer solchen Einrichtung beim Aufbau eines möglichst würdevollen Umgangs miteinander. So kann es gelingen, dass auch diese Erzieherinnen allmählich eine zunehmend klare Vorstellung und damit auch ein Bewusstsein ihrer

Kinder sind kein Spalierobst. Sie dürfen nicht zurechtgestutzt und an Drähten entlanggezogen werden, damit sie möglichst viel Ertrag bringen.

eigenen Würde entwickeln. Dann werden sie das, was sie in den Kitas tun, sehr wahrscheinlich auch nicht länger »Erziehung« nennen. Denn Kinder sind kein Spalierobst. Sie dürfen nicht zurechtgestutzt und an Drähten entlanggezogen werden, damit sie möglichst viel Ertrag bringen.

Es bleibt nur zu hoffen, dass es Eltern und Erziehern künftig besser gelingt, möglichst vielen Kindern bereits vor dem Eintritt in die Schule dabei zu helfen, das Empfinden für ihren Wert und für ihre eigene Bedeutsamkeit als Subjekte zu stärken. Solche Kinder lernen dann von ganz allein, anderen Personen so zu begegnen, dass sie deren Würde nicht verletzen. Weil sie sich selbst als konstruktive Gestalter ihrer Beziehungen erleben, können sie dann besonders viel von diesen anderen Personen lernen.

Der Prozess der Herausbildung eines Selbstbilds, das die eigene Eingebundenheit in eine menschliche Gemeinschaft verinnerlicht hat und einem Kind als innerer Kompass hilft, seine Beziehungen mit anderen so zu gestalten, dass deren Würde nicht verletzt wird, braucht Zeit. Das alles lässt sich nicht unterrichten.

Der Prozess der Herausbildung eines Selbstbilds braucht Zeit.

Es kann nur durch günstige Erfahrungen mit anderen Menschen von jedem Kind aus sich selbst heraus entwickelt werden. Der damit einhergehende und allmählich immer präziser werdende Reflexions- und Selbstbildungsprozess lässt sich somit nicht beschleunigen. Gelingen kann er nur in einem geschützten Raum, der dem Kind die dazu erforderliche Muße bietet. Schon die alten Griechen scheinen das verstanden zu haben, denn die von ihnen dafür eingeführte Bezeichnung σχολή, die dann von den Römern als *scola* übernommen wurde, heißt auf Deutsch »Muße«.

Von dieser zur Selbstbestimmung und Selbstfindung erforderlichen Muße ist in den meisten heutigen Schulen nichts mehr zu spüren. Wo finden die Heranwachsenden hier noch Gelegenheit, die in ihnen angelegten Talente und Begabungen auf eine spielerische Weise zu erproben und ihrer angeborenen Freude am selbstständigen Entdecken und am gemeinsamen Gestalten nachzugehen?

Stattdessen werden sie unterrichtet, belehrt, kontrolliert, geprüft und bewertet, geradeso als seien sie nach den Vorstellungen von Erwachsenen formbare Objekte.

Kein Wunder, dass ihnen dabei die Lust am Lernen vergeht. Wie soll jemand, der von Kindesbeinen an ständig gesagt bekommt, was er wie zu machen, zu erledigen, zu lernen und zu können hat, auf seinem Weg zum Erwachsenwerden jemals herausfinden, wer er eigentlich ist, was ihn interessiert, woran er Freude hat, worauf es im Leben ankommt oder gar, was für ein Mensch er oder sie sein will? Wo finden diese Kinder und Jugendlichen einen dafür geeigneten Raum? Wo können sie all die vielen eigenen Erfahrungen machen, die sie als Grundlage für diesen komplizierten Selbstfindungsprozess brauchen? Und wo haben sie noch Zeit und Muße, um über sich selbst nachzudenken und sich zu fragen, wie sie ihr Leben gestalten, wie sie mit anderen zusammenleben wollen?

Vielleicht beginnen Sie jetzt zu ahnen, was mich beim Anschauen der beiden Dokumentarfilme so betroffen gemacht hat. Mir wurde damals schlagartig klar, dass unser Bildungssystem gar nicht darauf ausgerichtet ist, Heranwachsenden dabei zu helfen, ihr Empfinden für das zu stärken, was ihre Würde ausmacht, geschweige denn eine eigene Vorstellung oder gar ein Bewusstsein ihrer Würde zu entwickeln. Noch weitaus irritierender war für mich die sich daraus zwangsläufig ergebende Frage, ob es die für Kitas, Schulen, Berufsschulen und Hochschulen Verantwortlichen überhaupt wichtig finden, Heranwachsenden dabei zu helfen, sich ihrer Würde bewusst zu werden. War das jemals ihr Anliegen? Hat das ihre Herzen bewegt? Weshalb haben sie sich dann nicht auch darum gekümmert? Das hieße ja, dass sie selbst sich ihrer eigenen Würde noch gar nicht bewusst geworden sind. Sonst hätten sie andere Vorschriften erlassen, andere Lehrpläne entwickelt und andere Bedingungen in den Bildungseinrichtungen geschaffen.

Das gilt sicher nicht für alle Kultusbeamten, Pädagogikdozenten, Schulleiter und Lehrer. Sicher gibt es unter ihnen viele, die sich ihrer eigenen Würde durchaus bewusst sind und die auch versuchen, ihren Mitarbeitern, Schülern, Auszubildenden oder Studierenden Erfahrungen zu ermöglichen, die deren Gefühl, deren Vorstellung und deren Bewusstsein für das stärken, was ihre Würde ausmacht. Aber richtungsweisend und bestimmend für den Unterricht und den Umgang mit den Schülern müssen wohl die anderen gewesen sein. Sonst wäre es in unseren Bildungseinrichtungen nicht so, wie es vielerorts ist und wie es von Bildungspolitikern und Bildungsplanern vorgeschrieben und eingefordert wird.

Wenn es nicht die Stärkung des Empfindens, der Vorstellung und des Bewusstseins der eigenen Würde von Kindern und Jugendlichen ist, das diesen Personen am Herzen liegt, was ist es dann? Das Unterrichten von Wissen und Können? Die Anleitung beim Erwerb von Kompetenzen? Vorbereitung auf die Anforderungen eines späteren Berufslebens? Überprüfung und Bewertung von Leistungen? All das lässt sich praktisch nur umsetzen, wenn diese Lehrkräfte ihre Schüler, Azubis und Studierende zu Objekten ihres Unterrichts und ihrer Belehrungen, ihrer Ziele und Absichten, ihrer Erwartungen und Bewertungen machen: Dass jeder Heranwachsende, der so behandelt wird, seine angeborene Freude am eigenen Entdecken und Gestalten dann zwangsläufig unterdrücken muss, ist diesen Lehrkräften offenbar nicht bewusst. Genauso wenig wie der Umstand, dass ein Kind oder ein Jugendlicher angesichts dieser Beraubung seiner Subjekthaftigkeit gezwungen ist, das Empfinden für seine Würde zu unterdrücken, und er deshalb auch keine Vorstellung oder gar ein Bewusstsein seiner Würde entwickeln kann.

Wenn das tatsächlich so ist und sehr viele Kinder und Jugendliche genau diese Erfahrung in unseren Bildungseinrichtungen machen müssen, so wäre das Ausdruck einer äußerst fatalen Entwicklung. Dann hätten wir zugelassen, dass diese Einrichtungen zu Orten geworden sind, an denen Kinder und Jugendliche lernen, sich damit abzufinden, als Objekte behandelt zu werden, und wo sie deshalb auch das Empfinden für ihre eigene Würde zu unterdrücken lernen.

Wo sie sogar tagtäglich Erfahrungen machen müssen, die sie daran hindern, eine Vorstellung und ein Bewusstsein ihrer eigenen Würde zu entwickeln. Noch etwas zynischer formuliert: Heranwachsende können unter diesen Bedingungen nur genauso würdelos werden wie diejenigen, die maßgeblich für das sind, was in diesen Bildungseinrichtungen geschieht. Es ist daher nicht verwunderlich, dass sie später, als Erwachsene, den so entstandenen Mangel eines Bewusstseins ihrer Würde in ihrem Denken und Handeln zum Ausdruck bringen, auch dann, wenn sie ihre Ausbildung mit Bestnoten abgeschlossen haben und in Führungspositionen gelandet sind.

Diese Analyse macht solche Entwicklungen zwar verständlich, sie macht aber nicht deutlich, was getan werden kann, um den dafür Verantwortlichen zu helfen, das Empfinden für ihre eigene Würde wiederzuentdecken und auf dieser Grundlage eine Vorstellung und ein Bewusstsein ihrer Würde herauszubilden. Das gelingt nicht durch Fortbildungen und erst recht nicht durch Erlasse und Vorschriften. Dann erleben sie sich ja selbst auch wieder nur als Objekte irgendwelcher Maßnahmen. Damit ein solcher Bewusstwerdungsprozess bei ihnen in Gang kommen kann, müssten sie das, was er bewirkt, selbst auch wollen. Oder sich wünschen. Es müsste ihnen ein tiefes inneres Anliegen sein, sich selbst und ihren Umgang mit anderen würdevoller zu gestalten. Dazu kann man aber keinen Menschen zwingen, man kann ihn nur einladen, ermutigen und inspirieren.

Aber wer könnte solche Lehrer, Schulleiter oder Kultusbeamte einladen, wer könnte sie ermutigen oder gar inspirieren, sich ihrer Würde bewusst zu werden? Wohl nur solche Personen, die sich ihrer eigenen Würde bereits bewusst geworden sind. Also all jene Eltern, Kolleginnen und Kollegen und auch Vorgesetzte, die diese Bewusstheit ihrer Würde nicht nur in ihrem Verhalten, sondern in ihrem gesamten Sein zum Ausdruck bringen. Die deshalb etwas ausstrahlen, das andere Menschen spüren und das sie für diese anderen so anziehend macht. In der Gegenwart solcher Menschen spürt jeder, dass sie sich selbst mögen. Dass sie in sich ruhen und nicht verführbar sind, weil sie einen inneren Kompass besitzen, der sie durchs Leben führt. Sie lassen sich auf nichts ein, was ihre Würde verletzt, und sind deshalb auch außerstande, einen anderen Menschen zum Objekt ihrer eigenen Absichten, Erwartungen oder Bewertungen zu machen.

Solche Personen wären in der Lage, andere Menschen einzuladen, zu ermutigen und zu inspirieren, sich ihrer Würde bewusst zu werden.

Nur, so werden Sie wohl entgegnen, gibt es davon viel zu wenige. Ich glaube das nicht. Vielmehr bin ich fest davon überzeugt, dass es zu allen Zeiten, in allen menschlichen Gemeinschaften und sogar unter den ungünstigsten Bedingungen solche Menschen gab und immer noch gibt. Dass sie in jeder Gesellschaft in einem sich selbst organisierenden Prozess immer wieder hervorgebracht werden. Und dass die Zahl dieser, sich ihrer Würde bewussten Menschen viel größer ist, als wir vermuten. Das Problem ist nur, dass man sie in einer immer hektischer, bunter und lauter werdenden Welt auch zunehmend schlechter sieht und hört. Denn es ist ja ein Wesensmerkmal würdevoller Personen, zurückhaltend zu sein, sich achtsam und umsichtig zu verhalten. Sie zeigen sich daher oftmals nur dann und melden sich auch nur dann zu Wort, wenn sie bemerken, dass etwas geschieht, was ihre Würde zu verletzen droht. Und deshalb empfinden sie es als »unter ihrer Würde«, sich an all dem zu beteiligen, womit die anderen tagein, tagaus so intensiv beschäftigt sind. Sie halten lieber still und denken sich ihren Teil. Das ist das Problem. Indem diese besonderen Personen im Bewusstsein ihrer eigenen unverletzbaren Würde so ruhig bleiben, überlassen sie zwangsläufig all jenen das Setzen von Maßstäben und die Durchsetzung ihrer jeweiligen Interessen, die in Ermangelung eines solchen Bewusstseins am lautesten kundtun, worauf es ihrer Meinung nach ankommt. Deshalb können sich diejenigen so gut durchsetzen und sich bereichern, die ihre jeweiligen Interessen mit besonderer Rücksichtslosigkeit verfolgen. Die sich Privilegien, Macht und Einfluss auf Kosten anderer verschaffen und deshalb immer effektiver in der Lage sind, die Richtung zu bestimmen, in die sich heutige Gesellschaften entwickeln.

Es mag Zeiten gegeben haben, in denen die Würde, die eine Person in ihrem Reden und Handeln zum Ausdruck brachte, an ihre Möglichkeiten zur Beeinflussung gesellschaftlicher Entwicklungen gebunden war. In denen nur sehr wenige Menschen Zugang zu Bildung hatten und in denen diese Bildung noch stärker mit der Entwicklung eines Bewusstseins von Würde verbunden war. Aber diese Zeiten sind vorbei. In unserer heutigen globalisierten und digitalisierten Welt kann jeder, der sich lautstark genug bemerkbar macht und eine clevere Idee hat, um andere auszutricksen und über den Tisch zu ziehen, zu Ansehen, Macht und Einfluss gelangen. Und diejenigen, die damit besonders erfolgreich sind, werden dafür auch noch bewundert und erlangen eine unwürdige Vorbildfunktion, insbesondere für Heranwachsende, die noch gar keine Gelegenheit hatten, ein Bewusstsein ihrer eigenen Würde herauszubilden.

Für diejenigen Erwachsenen, denen es gelungen ist, sich ihrer Würde als Mensch bewusst zu werden, wird es deshalb allerhöchste Zeit aufzuwachen. Wer sonst, wenn nicht sie wären in der Lage, dieser unwürdigen Entwicklung Einhalt zu gebieten? Wer könnte in klaren und unmissverständlichen Worten und durch menschenwürdiges Verhalten zum Ausdruck bringen, dass sie oder er bereit ist, nicht nur Verantwortung für die Wahrung der eigenen Würde zu übernehmen, sondern auch all jenen zu helfen, denen die Herausbildung eines Bewusstseins ihrer Würde bisher versagt geblieben ist?

Es wird nötig sein, sich zu zeigen und dafür zu sorgen, dass die Würde von Menschen nicht länger mit Füßen getreten, verletzt und untergraben wird.

Es wird nicht ausreichen still zu halten und zu versuchen, ein gewisses Verständnis für das würdelose Verhalten anderer aufzubringen. Es nützt auch nichts, sich darüber zu empören. Es wird nötig sein, sich zu zeigen und es nicht länger als unter seiner Würde zu betrachten, öffentlich Stellung zu beziehen, auszusprechen, was man so nicht länger hinzunehmen bereit ist, und im Rahmen seiner Möglichkeiten dafür zu sorgen, dass die Würde von Menschen nicht länger mit Füßen getreten, verletzt und untergraben wird. Das gilt für alle Bereiche unserer Gesellschaft, aber in besonderer Weise für unser gegenwärtiges Bildungssystem. Dort böten sich genügend Gelegenheiten, um schon Heranwachsenden die Möglichkeit zu verschaffen, ein Bewusstsein ihrer Würde herauszubilden.

Wie sehen denn die Erfahrungen aus, die die meisten von ihnen später als Erwachsene bei der Arbeit, in Behörden oder im Alltag machen? Wo und wie oft erleben sie, dass sie um ihrer selbst willen gemocht werden und bedeutsam sind, dass ihnen etwas zugetraut wird und sie etwas gestalten können? Wo und wie oft begegnen sie einer anderen Person, die das Empfinden ihrer eigenen Würde stärkt, die nichts von ihnen will und sie nicht bei der Verfolgung ihrer jeweiligen Absichten als Objekt benutzt?

Und wo und wie oft treffen sie auf Mitarbeiter, Vorgesetzte oder Nachbarn, die ihnen helfen, die Vorstellung oder gar das Bewusstsein ihrer eigenen Würde zu schärfen? Wie erleben sie sich, wenn sie allmählich älter werden, wenn sie gar gebrechlicher und schwächer werden und im Altersheim landen? Wer achtet dann darauf und kümmert sich darum, dass sie nun nicht auch noch zum Objekt pflegerischer Maßnahmen gemacht werden?

Es sieht nicht gut aus, und daran ändert sich auch nichts, wenn unser Bruttosozialprodukt weiter steigt und die Politiker noch mehr Wohlstand für noch mehr Menschen in unseren westlichen Konsumgesellschaften versprechen. Ob ein Mensch in der Lage ist, sich seiner Würde bewusst zu werden, hat offenbar überhaupt nichts mit seinem Einkommen, seiner Stellung, seinem Ansehen zu tun. Es hat etwas damit zu tun, wie Menschen miteinander umgehen, wie sehr sie füreinander einstehen, wie gut es ihnen also gelingt, einander in Würde zu begegnen.

Was wird aus uns, wenn das
Bewusstsein unserer Würde
zu wachsen beginnt?

ES DAUERT BISWEILEN erstaunlich lange, bis einem etwas auffällt und bewusst wird, obwohl es doch eigentlich schon immer da war. Ich bin nun schon einige Zeit in der Welt unterwegs, habe andere Länder besucht und sehr unterschiedliche Menschen kennengelernt. Ich bin in fremden Städten umhergestreift und habe auch sehr einsame Gegenden durchwandert. Manche waren noch nie von Menschen besiedelt, andere aus irgendwelchen Gründen längst wieder verlassen worden. Um solche Geisterdörfer und Wüstungen zu besuchen, muss man gar nicht so weit reisen. Sie sind nur meist schon so zerfallen und mit Bäumen und Gebüsch überwachsen, dass sie gar nicht mehr als ehemalige Siedlungen zu erkennen sind. Erst angesichts dieser Wüstungen ist mir so recht bewusst geworden, wie sehr wir die von uns bewohnte Welt zu einer nach unseren jeweiligen Vorstellungen gestalteten Welt gemacht haben. Und dass überall dort, wo wir diese Gestaltungstätigkeit einstellen, das oft so mühevoll Aufgebaute von ganz allein wieder zu zerfallen beginnt. Unsere Dörfer und Städte, unsere Felder und Parks werden dann wieder Teil des sich selbst organisierenden natürlichen Ökosystems.

Anschaulicher lässt sich die Gültigkeit des zweiten Hauptsatzes der Thermodynamik kaum bestätigen. Der zur Aufrechterhaltung dieser dörflichen Strukturen erforderliche Energieaufwand war für die dort lebenden Menschen irgendwann einfach zu groß geworden. Vielleicht waren sie den ständigen Überfällen und kriegerischen Auseinandersetzungen nicht mehr gewachsen oder Naturkatastrophen und Missernten machten ihnen zu schaffen. Angesichts der damit einhergehenden Ressourcenverknappung werden die Menschen schon damals – ähnlich wie heute – unterschiedliche Interessengruppen gebildet haben, die ihre jeweils eigenen Vorstellungen und Ziele verfolgten, um ihr Überleben und ihre Besitztümer zu sichern. So verloren die Mitglieder dieser Gemeinschaften die ihren bisherigen Zusammenhalt gewährleistende gemeinsame Orientierung. Statt ein kohärenzstiftendes gemeinsames Anliegen zu verfolgen, verloren sie sich in energieaufwendigen Interessenkonflikten. Die Auflösung und der Zerfall der von ihnen geschaffenen Strukturen war dann nur noch eine Frage der Zeit.

So zumindest könnte ich mir die Entstehung dieser Wüstungen erklären. Die letzten Bewohner dieser Siedlungen werden damals wohl weitergezogen sein, vielleicht in andere Dörfer oder Städte. Oder sie haben neue Siedlungen angelegt. Viele werden auch umgekommen sein. All jenen, die überlebt und sich fortgepflanzt haben, verdanken wir unsere Existenz. Sie sind unsere Vorfahren.

Hätte mir das jemand vor zwanzig oder dreißig Jahren so dargestellt, wäre ich als Biologe kaum in allzu großes Staunen geraten. Denn damals war auch ich noch fest davon überzeugt, dass es allen Lebewesen um nichts anderes als um ihr nacktes Überleben und um ihre Reproduktion geht. Fressen oder gefressen werden, Nachkommen hervorbringen oder aussterben – darum drehte sich alles, und damit ließ sich fast alles erklären.

Fressen oder gefressen werden, Nachkommen hervorbringen oder aussterben – darum drehte sich alles, und damit ließ sich fast alles erklären.

Vor allem, dass im Überlebenskampf nur diejenigen erfolgreich sein können, die am fittesten sind und die meisten Nachkommen hervorbringen. So lautete das mantraartig aufgesagte Dogma der Biologen im vorigen Jahrhundert.

Heute, nach dem Ende des genetischen Determinismus und nach der Entdeckung der zeitlebens fortbestehenden Plastizität des menschlichen Gehirns, bin ich schon etwas darüber erstaunt, wie offenkundig diese von Biologen verbreitete Vorstellung dazu diente, die Stabilität und den Fortbestand der damals herrschenden Verhältnisse zu sichern. Wer davon überzeugt ist, dass so ziemlich alles, was ihn als Person ausmacht – seine Intelligenz, seine Kreativität, sein Mut, seine Neugier und seine Gestaltungskraft –, in Form seiner genetischen Anlagen bereits zum Zeitpunkt seiner Geburt weitgehend vorbestimmt ist, muss sich zwangsläufig damit abfinden, dass er nun einmal so ist, wie er ist. Dass auch andere Menschen so sind, wie sie sind, und dass sich weder daran noch an der Art und Weise, wie Menschen zusammenleben, jemals etwas Entscheidendes verändern lässt.

Was diese Vorstellung zuließ, war die Weiterentwicklung der von Menschen erfundenen Technologien, der von ihnen hergestellten Maschinen und Geräte und der von ihnen entwickelten ökonomischen, politischen und sozialen Strukturen.

Unternehmen beispielsweise waren in der Lage, sich weiterzuentwickeln, ebenso Banken und deren Finanzprodukte. Auch die in der Nahrungsmittelproduktion, der Medizin, der Forschung, der Bildung oder im Transportwesen eingesetzten Methoden und Verfahren konnten ständig verbessert werden. Aber die Menschen selbst sollten doch wohl eher so bleiben, wie sie waren. Gut ausgebildet zwar, auch möglichst leistungs- und einsatzfähig, interessiert an ihrem Fortkommen und ihrer beruflichen Karriere, aber eben nicht an ihrer eigenen Weiterentwicklung. Sie sollten optimal funktionieren und die Stabilität der jeweiligen Gesellschaft und der von ihr bis dahin entwickelten Strukturen sichern. Aber sich selbst fragen, was aus ihnen werden könnte, wie sie ihr Zusammenleben menschlicher, würdevoller gestalten und die in ihnen angelegten Potentiale zur Entfaltung bringen könnten, das sollten sie nicht.

Als ich bei diesen Überlegungen angekommen war, begann ich erstmals zu ahnen, dass wir zwar noch einige Zeit so weiterleben und unser Zusammenleben so gestalten können wie bisher. Aber nicht mehr allzu lange. Denn sonst wird es uns nicht viel anders ergehen als den damaligen Bewohnern dieser Wüstungen. Wir können als Menschen nicht leben, ohne uns selbst (und nicht nur die von uns erfundenen Technologien) weiterzuentwickeln. Unsere gegenwärtige Situation unterscheidet sich also nicht allzu sehr von derjenigen, mit der schon die Bewohner dieser verfallenen Siedlungen konfrontiert waren. Mit einem Unterschied: Wir können nicht irgendwohin auswandern, um dort genauso weiterzumachen, die gleichen Ziele zu verfolgen und damit die gleichen Probleme zu erzeugen wie bisher. Statt ständig die Welt weiter nach unseren Vorstellungen verändern zu wollen, bleibt uns heute nichts anderes übrig, als unsere bisherigen Vorstellungen von uns selbst zu verändern. Leicht wird uns das nicht fallen, denn solange es nur um die Bewahrung dessen ging, was wir sind, konnten wir uns an dem orientieren, was wir bereits geschaffen hatten. Jetzt aber geht es um die Frage, in welche Richtung wir uns weiterentwickeln wollen. Und um die zu beantworten, brauchen wir nun dringender als je zuvor diesen inneren Kompass in

> Statt ständig die Welt weiter nach unseren Vorstellungen verändern zu wollen, bleibt uns heute nichts anderes übrig, als unsere bisherigen Vorstellungen von uns selbst zu verändern.

Form einer Vorstellung und eines Bewusstseins dessen, was uns als Menschen ausmacht.

Ob und in welchem Umfang dieser Bewusstwerdungsprozess bereits in Gang gekommen ist, kann ich nicht beurteilen. Er könnte schneller einsetzen, als wir es uns gegenwärtig vorzustellen imstande sind. Aber wir werden es rasch bemerken, wenn die Anzahl derjenigen Menschen zu wachsen beginnt, die sich ihrer Würde bewusst werden. Denn dann wird all das von ganz allein zu verkümmern und zu zerfallen beginnen, was nur dann aufkeimen und so gut wachsen und sich ausbreiten kann, solange es noch hinreichend viele Menschen gibt, die sich in Ermangelung eines Bewusstseins ihrer Würde entsprechend würdelos zu verhalten bereit sind.

Das ist zunächst nicht mehr als eine logisch ableitbare Vermutung. Experimentell lässt sich ihre Gültigkeit nicht überprüfen. Aber wir können nach Beispielen oder Ereignissen suchen, die sie bestätigen. Eines der interessantesten und folgenreichsten ist der Zerfall des sogenannten Ostblocks, also der unter der autoritären Führung durch die kommunistische Partei der damaligen Sowjetunion zusammengehaltenen Staaten des Warschauer Pakts. Er begann mit ersten Aufständen in Ungarn und anderen Ländern, erreichte eine neue Qualität mit dem Prager Frühling, setzte sich fort in der polnischen Solidarnosc-Bewegung und erreichte seinen Höhepunkt mit der sogenannten Wende in der damaligen DDR.

Niemand hätte sich Mitte der 1980er Jahre vorstellen können, dass es innerhalb der nächsten Jahre zu einem völligen Zerfall, zur völligen Auflösung der von den damaligen Machthabern geschaffenen und aufrechterhaltenen Strukturen kommen könnte. Eingeleitet und in Gang gesetzt wurde diese Entwicklung durch eine wachsende Anzahl von Bürgern, die nicht länger bereit waren, sich als Objekte staatlicher Vorgaben und Repressalien behandeln zu lassen. Die sich ihrer Würde als Menschen bewusst zu werden begannen. Die sich montags in den noch einigermaßen geschützten Räumen der Kirchen versammelten und ihre Würde anschließend mit Kerzen in den Händen und dem Ruf »Keine Gewalt« auf den Straßen und Plätzen ihrer Städte zum Ausdruck brachten. Diesen friedlichen Demonstrationen sich ihrer selbst bewusst gewordener Bürger hatte der autoritäre Machtapparat der damaligen Regierung nichts entgegenzusetzen. Und als von dieser Bewegung eine ständig wachsende Anzahl von Bürgern erfasst wurde und »Wir sind das Volk« zu rufen begann, zerfielen die von den Machthabern geschaffenen Lenkungs-, Herrschafts- und Kontrollstrukturen. Repressive Systeme verlieren offenbar ihre Kraft und beginnen sich aufzulösen, wenn die bis dahin unterdrückten, kontrollierten und in Abhängigkeit gehaltenen Menschen ihre Subjekthaftigkeit wiederentdecken und sich nicht länger wie Objekte behandeln lassen.

Wie aber am Beispiel des Zusammenbruchs des Ostblocks deutlich wird, geht die Forderung nach eigenen Gestaltungsmöglichkeiten und mehr Freiheit nicht zwangsläufig auch mit einer Bewusstwerdung der eigenen Würde einher. Allein durch die Befreiung von bisheriger Unterdrückung kommt es im Gehirn der meisten Menschen zu keiner tief greifenden Veränderung der dort entstandenen Muster. Sie bleiben in den von ihnen gefundenen Lösungsstrategien zur Bewältigung ihres Schmerzes gefangen, so lange als Objekte behandelt und benutzt worden zu sein. Die häufigste und wirksamste davon bestimmt nun auch weiterhin ihr Denken, Fühlen und Handeln: Sie machen andere zu Objekten ihrer Erwartungen, Bewertungen und – wenn sie in Machtpositionen gelangen – ihres Handelns. Die dafür verantwortlichen neuronalen Verknüpfungen in ihren Gehirnen lösen sich eben nicht dadurch auf, dass ihre bisherigen Unterdrücker weg sind. Die können nur durch neue, das Bewusstsein ihrer eigenen Würde stärkende Erfahrungen überformt werden.

Das geschieht aber nicht dadurch, dass diese Menschen nun plötzlich in einer freiheitlich-demokratischen Gesellschaft leben. Sie müssten spüren, dass sie dort auch von ihren Mitbürgern gesehen, wertgeschätzt und ernst genommen werden. Dass sie nicht weiter zu Objekten gemacht werden. Dass ihnen andere Menschen – auch Politiker, Meinungsmacher, Vorgesetzte, Lehrer und Verwaltungsangestellte – so begegnen, dass das Empfinden, die Vorstellung und das Bewusstsein ihrer eigenen Würde gestärkt werden.

Wenn es so viele Menschen nicht schaffen, einander in dieser Weise zu begegnen und ihr Zusammenleben so zu gestalten, liegt das also nicht an ihren Gehirnen, sondern an ihren mit anderen Menschen gemachten leidvollen Erfahrungen. Wären ihnen derartige Erfahrungen erspart geblieben, hätten sie auch keine Lösungsstrategien entwickeln müssen, um entweder andere Personen oder auch sich selbst zu Objekten ihrer Erwartungen, Ziele, Absichten, Bewertungen und Maßnahmen zu machen. Die jeweiligen neuronalen Verschaltungsmuster, die diese Verhaltensweisen steuern, wären dann auch nicht in ihren Hirnen herausgebildet und stabilisiert worden. Positive Erfahrungen hätten andere Verknüpfungen gestärkt. Ihr Denken, Fühlen und Handeln wäre dann vom Empfinden und Bewusstsein ihrer eigenen Würde bestimmt.

Sie haben recht, so weit ist es noch nicht. Diese große Wende in unseren Köpfen hat bisher noch nicht stattgefunden. Aber was machen wir, wenn sie in den nächsten Jahren tatsächlich in Gang kommt? Wie sollen wir auf die damit einhergehenden Veränderungen reagieren, wenn wir sie uns nicht heute schon etwas genauer anschauen, uns ein zumindest vages Bild davon machen, was es von all dem, das uns heute noch als selbstverständlich und unveränderbar erscheint, dann nicht mehr geben wird? So schwer vorstellbar ist das alles ja nicht.

Diese große Wende in unseren Köpfen hat bisher noch nicht stattgefunden.

Beispielsweise sind Menschen, die sich ihrer Würde bewusst werden, nicht mehr verführbar. Sie verfügen dann ja über einen eigenen inneren Kompass, der ihr Denken und Handeln leitet, und sie passen auf, dass er ihnen nicht abhandenkommt. Solche Personen lassen sich von niemandem einreden, dass sie dies oder das noch brauchen, um glücklich zu sein. Plakate, Werbespots, Ratgeber und Angebote für ein besseres Leben empfinden sie als unwürdige Versuche, sie so zu behandeln, als könnten sie nicht selbst denken und eigene Entscheidungen treffen. Was sollen die vielen Werbestrategien, Meinungsmacher und Ratgeber dann machen, wenn ihre Botschaften ungehört und ungesehen bleiben? Und was wird mit dem vielen Geld, das ihren bisherigen Aktivitäten so überaus reichlich zugeflossen ist?

Sich ihrer Würde bewusste Menschen nehmen von anderen Personen auch keine Angebote und Leistungen an, deren Bereitstellung die Würde der Erbringer dieser Angebote und Leistungen verletzt. Sie gehen nicht dorthin, wo Menschen sich für Geld zur Schau stellen, sie besuchen kein Bordell, und sie kaufen auch keine Produkte, für deren Herstellung andere Menschen ausgebeutet und ausgenutzt werden. Würdevolle Menschen erleben sich aus sich selbst heraus als wertvoll und bedeutsam.

Sie brauchen weder andere, die sie und ihre Besitztümer bewundern, noch brauchen sie Macht, Einfluss, Reichtum oder irgendwelche Statussymbole,

Stellungen oder Positionen, um sich als wertvoll und bedeutsam zu erleben.

Auch wird niemand, der sich seiner Würde bewusst ist, andere Menschen würdelos behandeln, sie also zum Objekt eigener Absichten, Bewertungen oder gar Maßnahmen machen.

Dieses Szenario lässt sich noch beliebig ergänzen und erweitern, aber bereits diese wenigen Beispiele machen deutlich, wie viel von dem, was uns heute noch umgibt und unveränderlich erscheint, sich als nutzlos, unverkäuflich und überflüssig erweist und daher allmählich verkümmern und verschwinden wird, sobald sich immer mehr Menschen ihrer Würde bewusst werden. Sicher lässt sich dieser Bewusstwerdungsprozess noch einige Zeit hinauszögern, aber dauerhaft aufzuhalten ist er nicht. Er ist als Möglichkeit, als Potential in uns Menschen angelegt. Solange wir uns allerdings gegenseitig zu Objekten unserer Absichten und Ziele, unserer Erwartungen und Bewertungen oder gar unserer Maßnahmen und Anordnungen machen, kann sich dieses Potential nicht entfalten. Sobald es uns als Familie, als Nachbarn, als Mitgliedern eines Teams aber gelingt, einander als Subjekte zu begegnen, ist die Entfaltung der in jedem Einzelnen wie auch der in der betreffenden Gemeinschaft angelegten Potentiale unvermeidbar. Potentialentfaltung ist also der zwangsläufige und von ganz allein ablaufende Prozess. Er lässt sich nur durch eine Art des Umgangs miteinander aufhalten, die das tiefe menschliche Bedürfnis nach Verbundenheit und Geborgenheit einerseits und nach Autonomie und Freiheit andererseits verletzt.

Aber dabei wird viel zu viel Energie verbraucht.

Wenn der zur Aufrechterhaltung eines lebenden Systems erforderliche Energieaufwand so groß wird, dass er nicht mehr gedeckt werden kann, beginnt das betreffende System zu zerfallen. Am Beispiel der Überreste menschlicher Siedlungen war mir dieses allen Entwicklungsprozessen zugrunde liegende Prinzip erstmals in dieser Deutlichkeit aufgefallen.

Dort, wo ich wohne, gibt es eine dieser Wüstungen, die ich gelegentlich besuche. Von dem einstigen Dorf, das die Menschen hier vor ein paar Jahrhunderten erbaut und bewohnt hatten, war nach dem Dreißigjährigen Krieg nur noch die Ruine einer inzwischen wieder aufgebauten Kirche übrig geblieben. Das Dorf war damals zwischen die Fronten geraten. Es lag genau an der Grenze zwischen katholischen und protestantischen Gebieten und wurde abwechselnd von den Truppen der einen und der anderen Seite überfallen, bis schließlich alle Häuser in Schutt und Asche versunken waren. Anschließend sind Pflanzen, Büsche und Bäume darüber hinweggewachsen, und heute ahnt niemand, der dort vorbeikommt, dass hier einmal ein blühendes, lebendiges Dorf stand. Einst von Menschen nach ihren Vorstellungen erbaut, ist es anschließend von anderen Menschen mit anderen Vorstellungen wieder zerstört worden. Danach hat sich dort ein lebendiges System ausgebreitet, das nur so viel Energie verbraucht, wie es auch selbst erzeugen kann: eine Pflanzengemeinschaft.

Diese bunte und vielfältige Gemeinschaft von unterschiedlichen Gräsern und Blumen, von Sträuchern und Bäumen mit den dort lebenden Insekten, Eidechsen und Vögeln ist von ganz allein entstanden. Auch hier hat sich ein Potential entfaltet. Diesen Pflanzen und Tieren ist es gelungen, die für ihr Zusammenleben günstigste Möglichkeit in Form dieses kleinen Ökosystems in Wirklichkeit zu verwandeln. Ihnen fällt das leichter als uns, denn Pflanzen und Tiere sind außerstande, eine eigene Vorstellung davon zu entwickeln, worauf es in ihrem Leben und ihrem Zusammenleben ankommt. Deshalb können sie sich auch nicht gegenseitig als Objekte zur Durchsetzung ihrer jeweiligen Eigeninteressen behandeln. Es mag sonderbar klingen, aber genau aus diesem Grund erscheinen sie uns als würdevoll. Sie sind ein Gänseblümchen oder ein Zittergras, eine Zauneidechse oder eine Nachtigall. Sie haben nicht so viele Möglichkeiten wie wir, etwas anderes werden zu wollen als das, was sie sind. Deshalb brauchen sie auch weder eine Vorstellung noch ein Bewusstsein ihrer Würde. Wir aber müssen erst herausfinden, was es bedeutet, ein Mensch zu sein. Das aber wird uns ohne diesen inneren Kompass, ohne dieses Empfinden, ohne diese Vorstellung,

Pflanzen und Tiere sind außerstande, eine eigene Vorstellung davon zu entwickeln, worauf es in ihrem Leben und ihrem Zusammenleben ankommt.

ohne dieses Bewusstsein unserer Würde nicht gelingen.

Damit schließt sich nun der Kreis, und wir sind wieder am Anfang dieses Buches angekommen. Noch immer lebe ich in der Nähe von Göttingen auf dem Land und frage mich, wo die Hummeln und Schmetterlinge, die Eidechsen und Goldammern, die Gänseblümchen und Veilchen geblieben sind.

Ringsum bewirtschaften die Bauern ihre Felder mit modernsten, hoch effizienten Maschinen und verwandeln sie in agrotechnische Industrielandschaften. Die Würde der verschwundenen Schlüsselblumen, der Nachtigallen oder der Zitronenfalter können sie nicht verletzen. Aber ihre eigene schon. Wie lange können sie, können wir alle das noch ertragen?

Wie wäre es, in Würde zu leben,
bevor wir in Würde sterben?

NIEMAND KANN SEIN Leben ändern, aber jeder Mensch kann sich zu jedem Zeitpunkt seines Lebens dafür entscheiden, fortan anders zu leben als bisher. Etwas bewusster vielleicht, etwas achtsamer gegenüber sich selbst und auch anderen gegenüber. Mehr im Einklang mit sich und der Natur, zuversichtlicher und auch wieder etwas neugieriger. Es ist den Versuch wert. Und es ist ganz einfach. Beispielsweise können Sie andere Personen, anstatt an Ihnen vorbeizugehen, als wären sie Luft, auch anlächeln. Sie können sie einladen, ermutigen und inspirieren, sich auf eine neue Erfahrung einzulassen, anstatt ihnen zu sagen, was sie und wie sie etwas machen sollen. Es ist auch gar nicht so schwer, sich bei allem etwas mehr Zeit zu lassen, die Nahrungsmittel, die Sie zu sich nehmen, sorgfältiger auszuwählen als bisher und sich gelegentlich auch körperlich zu betätigen. Es schadet nichts, wenn Sie dabei ins Schwitzen geraten. Wer sich darauf einlässt, beginnt auch wieder, sich zu spüren. Und dann

> Jeder Mensch kann sich zu jedem Zeitpunkt seines Lebens dafür entscheiden, fortan anders zu leben als bisher.

erwacht auch wieder die Freude an der Bewegung, am Singen, Tanzen und Musizieren oder zumindest am Wandern und Radfahren. Das geht alles. Damit können Sie noch heute beginnen. Und wenn Sie sich in dieser Weise auf den Weg machen, entwickelt sich – von ganz allein – auch ein anderes Lebensgefühl. Und damit verändert sich Ihr Leben von ganz allein. Es wird spürbar freudvoller, liebevoller, auch würdevoller. Und wer anderen mit diesem Gefühl begegnet, wird auch erleben, wie ansteckend es ist. So verändert sich dann nicht nur das eigene Leben, sondern auch das Zusammenleben mit diesen anderen Personen. Es passt alles wieder besser, ist kohärenter geworden.

Und die dadurch eingesparte Energie wird sogar bis in den Körper hinein spürbar. Sie fühlen sich energetisch aufgeladen, tatendurstig und lebenshungrig. So können Sie sich dann auch selbst lieben, als ein sich seiner Würde bewusst gewordener Mensch.

Ich erinnere mich an zwei Ereignisse, die mich darin bestärkt haben, dieses Buch zu verfassen. Das eine war ein Vortrag in Österreich, in Linz oder Wels, so genau weiß ich es nicht mehr. In der Stadthalle hatten sich etwa tausend Zuhörer versammelt. Es ging um die Art und Weise unseres gegenwärtigen Zusammenlebens und natürlich auch darum, wie sich all das, was wir dabei erleben, auf unsere Gehirne auswirkt.

Ich hatte ziemlich umständlich hergeleitet, weshalb es nicht so vorteilhaft ist, als Objekt behandelt zu werden oder andere zu Objekten unserer Maßnahmen oder Bewertungen zu machen. Als Krönung dieser Herleitung konfrontierte ich die Zuhörer mit der Bemerkung, dass wir alle uns jeden Tag nicht nur würdelos verhalten, sondern es auch gar nicht mehr bemerken, wie sehr wir in unserem Zusammenleben unsere Würde verletzen. Nie zuvor hatte ich ein solch betretenes Schweigen der Zuhörer erlebt. Es schien so, als wagte kaum noch jemand zu atmen. Bis dann in den hinteren Reihen jemand zu applaudieren begann. Daraufhin entlud sich ein Sturm von Applaus, wie ich ihn ebenfalls nie zuvor erlebt hatte.

Als er sich zu legen begann, brachte ich meinen Vortrag zu Ende und versuchte anschließend zu verstehen, was ich eigentlich mit dieser Bemerkung in den Zuhörern ausgelöst hatte. Die einzige Erklärung, die mir einfiel, war, dass es offenbar sehr viele Menschen zu geben scheint, die durchaus wissen, dass sie sich oft genug im täglichen Leben würdelos verhalten. Zu dieser Erkenntnis waren wohl auch viele Zuhörer gelangt, und sie waren froh, dass es ihnen bisher einigermaßen gut gelungen war, sie irgendwie im Keller ihres Bewusstseins einzusperren. Meine Bemerkung hatte die sorgfältig verschlossene Kellertür in ihrem Gehirn aber ganz unerwartet aufgerissen. Sie reagierten darauf ziemlich sprachlos. Aber das Bemerkenswerteste geschah in dem Augenblick, als einer oder eine von ihnen zu applaudieren begann.

Jetzt, so schien es mir, waren sie froh und dankbar, dass der so sorgfältig im Keller verborgene Teil von ihnen endlich herauskommen und angeschaut werden durfte. Dieses Erlebnis hat mich darin bestärkt, daran zu glauben, dass es viel mehr Menschen gibt, die sich ihrer Würde bewusst sind – auch wenn sie ziemlich tapfer versuchen, das vor sich selbst zu verbergen.

Die zweite, die Entstehung dieses Buches befördernde Erfahrung durfte ich in Berlin auf einer Podiumsdiskussion machen, bei der es darum ging, wie Menschen Entscheidungen treffen. Vor den etwa zweihundert Zuhörern hatten die anderen Podiumsgäste und ich auf der Bühne ihre jeweiligen Vorstellungen dazu dargelegt. Am Schluss folgte ich einem sonderbaren Impuls und fragte den neben mir sitzenden CEO eines großen Unternehmens, welche Entscheidung er wohl träfe, wenn er die Gelegenheit hätte, einen beträchtlichen Gewinn für sein Unternehmen zu erzielen, er aber dadurch Gefahr liefe, seine Würde zu verletzen. Selten habe ich einen Menschen so ratlos, ja fast paralysiert erlebt. Er tat mir leid, denn offensichtlich wusste er nicht, wie er diese Frage beantworten sollte. Dass ihm die Wahrung seiner Würde wichtiger sei als der für das Unternehmen zu erzielende Gewinn, konnte er ebenso wenig zugeben wie den umgekehrten Fall, dass er seine Entscheidung an den Interessen des Unternehmens ausrichte, auch wenn er dadurch seine Würde verletzt. Auch diesmal kam es zu einem beklemmenden

Schweigen im Publikum, das sich anschließend in einem Sturm des Applauses entlud. Die Zuhörer und Zuhörerinnen hatten offenbar bemerkt, in welch ratloses Dilemma der Unternehmensführer durch meine Frage geraten war. Sie müssen gewusst haben, was es für diesen Manager bedeutet, öffentlich zuzugeben, dass ihm die Verletzung seiner Würde weniger wichtig ist als die Sicherung seiner Unternehmensgewinne.

Wenn es so viele Menschen gibt, die froh darüber sind, dass sie jemand darauf aufmerksam macht, wie bereitwillig sie ihre Würde den Erfordernissen ihres Alltagslebens unterordnen, und wenn es so vielen Menschen noch auffällt, wenn jemand bereit ist, seine Interessen auf Kosten anderer durchzusetzen, habe ich mir damals gedacht, wäre es an der Zeit, dieses Buch zu schreiben. Vielleicht ermutigt es Sie, liebe Leserin und lieber Leser, ihr eigenes Leben und ihr Zusammenleben mit anderen Menschen künftig etwas stärker an dem inneren Kompass auszurichten, den ich hier als Vorstellung und Bewusstwerdung unserer Würde als Menschen herauszuarbeiten und verstehbar zu machen versucht habe.

Dank

Das Buch ist zu Ende und Sie haben es bis hierher durchgelesen. Dafür möchte ich mich sehr herzlich bedanken. Es ist ein sehr persönliches Buch geworden und ich wünsche Ihnen, liebe Leserin und lieber Leser, dass Sie an der einen oder anderen Stelle einen Gedanken gefunden haben, der Ihnen weitergeholfen hat.

Vielleicht nur deshalb, weil er etwas bestätigt, was Ihnen selbst auch schon aufgefallen ist, vielleicht auch deshalb, weil er Ihnen hilft, manches besser zu verstehen, was in unserer gegenwärtigen Welt geschieht.

Und vielleicht auch, weil Sie sich darin bestärkt fühlen, Ihr Leben und Ihre Beziehungen zu anderen Menschen künftig noch würdevoller als bisher zu gestalten.

Bedanken möchte ich mich insbesondere bei all jenen Leserinnen und Lesern, die das Buch nicht gleich zur Seite gelegt haben, weil ich darin nicht immer auf eine gendergerechte Ausdrucksweise geachtet habe. Es entstehen dadurch allzu leicht Sätze, die so kompliziert sind, dass einem die Freude sowohl am Schreiben als auch am Lesen vergeht.

Und mein Dank gilt auch all jenen, die im Text und am Ende vergeblich nach Referenzen und Literaturangaben gesucht und trotzdem weitergelesen haben. Dieses Buch habe ich nicht als wissenschaftliches Sachbuch konzipiert. Die wissenschaftlichen Tatsachen, die hier erwähnt sind, wurden vielfach beschrieben und lassen sich gut im Internet recherchieren, mir ging es um den Zusammenhang von Würde und ihren biologischen Grundlagen. Meist handelt es sich dabei auch nur um recht banale Sachverhalte und um Erkenntnisse, die schon in anderen Zusammenhängen dargestellt worden sind.

Mit dem Journalisten Uli Hauser habe ich vor einigen Jahren das Buch »Jedes Kind ist hoch begabt« veröffentlicht. Uli ist mir seitdem zu einem guten Freund geworden und hat mir bei der Abfassung des 2. und 3. Kapitels geholfen. Er hat diese Beschreibungen so locker auf den Punkt gebracht, wie ich das mit meiner doch recht wissenschaftlichen Ausdrucksweise nicht vermocht hätte. Dafür meinen herzlichen Dank, lieber Uli.

Bedanken möchte ich mich auch bei Michael H. Beilmann, der gar nicht am Zustandekommen dieses Buches beteiligt war, sich aber um den Aufbau einer Initiative der Akademie für Potentialentfaltung (www.akademiefuerpotentialentfaltung.org) kümmert, die unter der Bezeichnung »Würdekompass« (www. wuerdekompass.de) dazu beitragen soll, dieses Thema in Städten und Gemeinden und überall dort zu verbreiten, wo Menschen gemeinsam etwas in Würde aufzubauen und zu gestalten versuchen.

Und weil das Buch ein so persönliches Buch geworden ist, ist es mir ein tiefes Bedürfnis, mich in besonderer Weise bei all jenen zu bedanken, die mir auf meinem bisherigen Lebensweg geholfen haben, mir meiner eigenen Würde bewusst zu werden.

Gerald Hüther

Thea Dorn

PANTHEON

deutsch, nicht dumpf

Ein Leitfaden für
aufgeklärte Patrioten

Heimat, Leitkultur, Nation: Thea Dorn will diese Themen nicht den Rechten überlassen

Dürfen wir unser Land lieben? Dürfen wir es gar »Heimat« nennen? Falls ja: Was meinen wir damit – das Fleckchen Erde, auf dem wir geboren wurden? Die Kultur, die uns geprägt hat? Den Staat, der uns eine liberale, demokratische Verfassung beschert? Interpretationsmöglichkeiten gibt es viele, und alle mögen ihre Berechtigung haben. Wenn aber jeder unter »Deutschland« etwas anderes versteht, von wem reden wir dann, wenn wir »wir« sagen?

»Ein provokantes Manifest, über das sich trefflich streiten lässt. Die Debatte ist eröffnet.«
3sat Kulturzeit

www.pantheon-verlag.de

Schwarze Schwäne stehen symbolisch für das, womit wir nicht rechnen.

Wenn uns im Alltag ungeahnte Überraschungen begegnen, ist das vielleicht noch nicht so schlimm. Suchen sie jedoch gesamte Volkswirtschaften heim, kann das System kollabieren, wie etwa die Finanzkrise des letzten Jahrzehnts gezeigt hat. Denn unsere Welt ist fragiler, als wir denken: Schon kleinste Fehler können eine Katastrophe auslösen und sie ins Chaos stürzen. Nassim Nicholas Taleb, einer der vielleicht klügsten, kritischsten und innovativsten Denker inner- und außerhalb der Finanzwelt, zeigt in seiner luziden und bahnbrechenden Schrift, dass wir jederzeit mit »Schwarzen Schwänen« rechnen sollten. Gnadenlos und trennscharf arbeitet er die Schwachstellen unseres Systems heraus und lässt uns nicht zuletzt Prognosen gegenüber skeptisch sein.

www.pantheon-verlag.de